LOGO
MODE

MODE

Andrew Tucker
Tamsin Kingswell

Prestel

München · London · New York

Auf dem Umschlag: Plisseemodell von Issey Miyake. Im Hintergrund:
Benetton-Werbung 1999
Rückseite: Massai-inspiriertes Modell von John Galliano für Dior, 1997
(oben); Minikleider von Pierre Cardin, 1968 (unten)
Frontispiz: Gucci-Jeans von 1999

Die Deutsche Bibliothek – CIP Einheitsaufnahme
Ein Titeldatensatz für diese Publikation
ist bei der Deutschen Bibliothek erhältlich

© Prestel Verlag, München · London · New York, 2000

Design: Jane Lanaway
Illustrationen: Madeleine Hardie

Prestel Verlag · Mandlstraße 26 · D-80802 München
Telefon 089/ 38 17 09-0 · Telefax 089 / 38 17 09 35

Aus dem Englischen übersetzt von
Natascha Afanassjew
für GAIA Text, München
Fachlektorat: Cornelia Schaller
für GAIA Text, München
Satz und Produktion: GAIA Text, München

Umschlag: Matthias Hauer

Printed in Hongkong

ISBN 3-7913-2428-4

Inhalt

Einführung   8
Charles Worth
Der erste Couturier   12

Korsett und Turnüre
Unterkleidung im späten 19. Jh.   14

Schlichte Eleganz
Molyneux und Balmain   30

Designer-Parfüm
Der süße Duft des Erfolgs   32

Blick durch das Objektiv
Modefotografen   34

Ausgelassenheit und neue Silhouetten
Die goldenen Zwanziger   36

Büstenhalter & Co.
Unterwäsche macht Furore   38

Auf großem Fuß
Nicht jeder Schuh eignet sich zum Laufen   40

Große Geschäfte
Das Kaufhaus   16

Zu Hause einkaufen
Mode per Post   18

Savile Row
Maßgeschneiderte Herrenmode   20

Regenmantel und Gummistiefel
Country-Look   22

›Mademoiselle‹
Coco Chanel   42

Soll das ein Scherz sein?
Elsa Schiaparelli   44

Hutmoden
Von der Pillbox zur Baseball-Kappe   46

›Synthetics‹
Nylonhemden und Plissee-Röcke   48

Der Picasso der Haute Couture
Balenciaga   50

Die Kunst des Kleidens
Ballett, Illustration und Antike   24

Strumpfmoden
Strumpfwaren für die Dame   26

›Dressed to Kill‹
Militärkleidung und Military-Look   28

Modeschmuck
Viel Straß und wenig Gold 52

Geliebter Glamour
Ein Hurra auf Hollywood 54

Royal Flush
Königliche Mode 56

In der Tasche
Vielseitige Statussymbole 58

Kriegszeiten
Rationierte Mode 60

Hauptsache Denim
Die Geschichte der Jeans 62

American Look
›Sportswear‹ aus den USA 64

Itsy Bitsy Teeny Weeny
Der Bikini 66

Amerikas Grande Dame
Diana Vreeland 68

New Look
Die französische Revolution 70

Laß' dein Haar herunter
Vom Bubikopf zur Punkfrisur 72

Eine amerikanische Legende
Jackie O. 74

Mods & Rocker
Großbritanniens wilde Jugend 76

Karl Lagerfeld
Multitalent mit vielen Facetten 78

Der Film als Laufsteg
Die Mode der Stars 80

Intelligente Kleidung
High-Tech-Fasern 82

Quantensprung
Geliebte Mary 84

Haute Couture
Unbezahlbare Mode 86

Futuristisches Design
Courrèges, Rabanne, Cardin 88

Yves Saint Laurent
Das zurückgezogene Genie 90

Disco Dollies
Disco-Fieber im Stretch-Look 92

Leder, Gummi und Plastik
Der Fetisch-Look 94

Bestechendes Outfit
›Körperschmuck‹ 96

Factory-Stil
Andy Warhols Pop-Art-Mode 98

Flower-Power und Drogen
Die Mode der Hippie-Bewegung 100

Hauptsache Aerobic
Sportkleidung und mehr 102

Amerikas große Vier
›All-American Style‹ 104

Das Land der aufgehenden Sonne
Japanisches Design 106

Punk-Revolution
Bondage-Mode und Sicherheitsnadeln 108

Schlechter Geschmack
Geheimnisse des Kleiderschranks 110

Schöne Körper
›Gay Fashion‹ 112

›Lieber gehe ich nackt‹
Pelzmoden 114

Der Businessman der Avantgarde
Helmut Lang 116

›Gender Bender‹
Das Spiel mit den Geschlechterrollen 118

Das Geschäft mit den Markenartikeln
Wie man einen Traum verkauft 120

Power-Mode
Schulterpolster und Trainingsanzüge 122

Der Meister der Eleganz
Giorgio Armani 124

Glanz und Tragödie
Versace 126

Italienische Konkurrenten
Prada und Gucci 128

Konservativer Schick
Deutsche Mode 130

Supermodels
Die strahlenden Stars der Modewelt 132

Verdrehte Mode
Dekonstruktivismus 134

Cool Britannia
Originalität und Street Style 136

Was tragen wir morgen?
Futuristische Mode 138

Unterwegs in Sachen Mode
Vier Städte, vier Geschichten 140

Register 142

Bildnachweis 144

Einführung

Unsere Kleidung gibt stets Auskunft über uns, sie kann mehr über uns verraten als alles, was wir sagen oder tun. Mode dient der Identifikation und Abgrenzung, sie verrät, wer wir sind, und darum ist es kein Wunder, daß scheinbar belanglose Dinge wie Hüte oder Handtaschen eine ungebrochene Faszination auf Menschen ausüben können – selbst wenn sie ihnen gar nicht gehören.

Keine Epoche war so ›modebewußt‹ wie das 20. Jahrhundert, dank moderner Medien und Massenproduktion. Bekleidung ist heute ein Statussymbol. Man braucht nur die wachsende Zahl anspruchsvoller Markennamen in den 80er Jahren zu betrachten oder die in den 60er Jahren einsetzende Verehrung der Models, die schon fast an Vergötterung heranreicht. Modeschöpfer wie die unvergessene Coco Chanel, wie Donna Karan und Calvin Klein gehören inzwischen zu anerkannten

Aufbau des Buches

Jede Doppelseite ist einem bestimmten Kleidungsstil oder einer Stilentwicklung, einem Modeschöpfer oder auch einer Gruppe von Modeschöpfern, die etwas verbindet, gewidmet. Die Geschichte der Mode wird dabei mehr oder weniger chronologisch nachgezeichnet. Auf jeder Doppelseite finden sich außerdem feste Rubriken.

Schockierend! In einer Zeit der Rationierungen bestanden die Kleider des ›New Look‹ aus bis zu 70 m Stoff

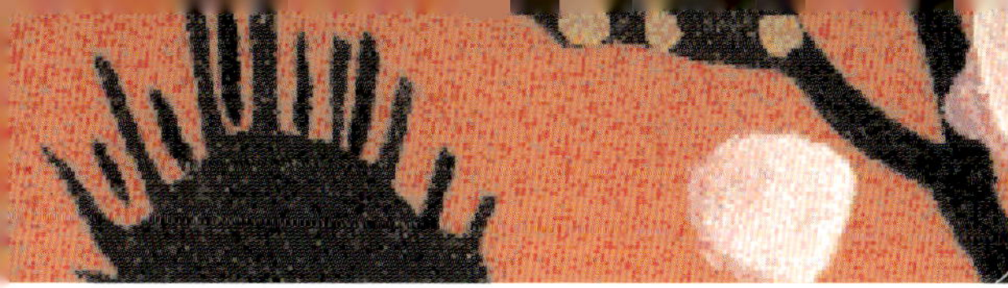

Größen unserer Gesellschaft. Das wurde spätestens durch das Interesse der Medien an der Ermordung des italienischen Modezars Versace vor seinem Anwesen in Miami deutlich.

›Mode für alle‹ mag nicht die bedeutendste Errungenschaft des 20. Jahrhunderts darstellen, doch sie ist ein bedeutender Wirtschaftsfaktor. In unserem Buch haben wir versucht, Mode in ihrem Kontext zu betrachten – in bezug auf die Entwicklung des Menschen, als Kunstform und als schöne Nebensächlichkeit.

Im Grunde hat die Mode jedes große Ereignis des 20. Jahrhunderts durchdrungen. In einer Welt, die immer stärker von visuellen Metaphern bestimmt wird, ist es wichtig, wie die Menschen aussehen, und die Mode schafft die Mittel dafür.

Twiggy wog kaum mehr als 40 kg und wurde in den 60er Jahren das erste Supermodel

Der Rap-Sänger Marky Mark in einem Modell von Calvin Klein

MODISCHE DETAILS

Diese Rubrik nennt Details, auf die Modebewußte nicht verzichten sollten. Hinzu kommen Beschreibungen bestimmter Stile, damit man eine Jacke von Chanel auch auf größere Entfernung erkennt.

9

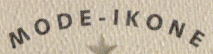
Die 60er Jahre sind undenkbar ohne den Minirock, so wie auch der Look der Tarnkleidung untrennbar mit dem Vietnamkrieg verbunden ist, und beim Attentat auf John F. Kennedy denkt manch einer unweigerlich an Jackys blutbeflecktes Chanel-Kostüm.

Mit größter Genauigkeit gelingt es der Mode, die Stimmung der Zeit wiederzugeben und somit auch die emotionale Befindlichkeit einer Epoche. Es ist bestimmt kein Zufall, daß dem tragischen Verlust so vieler Männer im Ersten Weltkrieg in den 20er Jahren das Ideal knabenhafter Figuren folgte, daß Körperbehaarung und beschriftete T-Shirts als politische Aussagen der wach-

Audrey Hepburn zeigt eine elegantlässige Kreation von Givenchy

senden feministischen Bewegung in den 70er Jahren benutzt wurden oder daß Yuppies Schulterpolster und üppiges Haar schätzen.

Dieses Buch ist zugegebenermaßen der parteiische Versuch zu zeigen, wie die Mode und die jeweilige Stimmung der Zeit stets Hand in Hand gingen. Wir können die Bedeutung unserer Kleidung nicht einfach ignorieren, denn das hieße ein wichtiges Element der Kultur des 20. Jahrhunderts zu ignorieren.

Vivienne Westwoods neuer romantischer Piraten-Look

Tamsin Kingswell

TAMSIN KINGSWELL

Das ›Material Girl‹ hat vergessen, ein Kleid über die Unterwäsche zu ziehen

11

1851 In London löst ein Farn, der 20 Jahre in einem luftdichten Glas gewachsen ist, eine Begeisterungswelle für Terrarien aus.

1862 Nachdem Napoleon III. ihn aus Frankreich verbannt hat, veröffentlicht Victor Hugo von Guernsey aus sein zehnbändiges Werk *Les Misérables*.

1873 Mary Ann Cotton wird wegen Mordes in Durham gehängt. Sie vergiftete 20 Menschen mit Arsen, darunter ihren Ehemann und ihre Kinder.

1850–1880

Charles Worth
Der erste Couturier

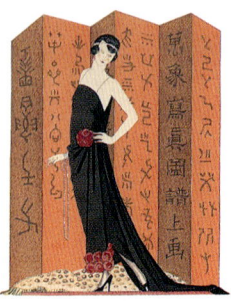

Als sich der 20jährige Charles Worth (1825–1895) aus dem englischen Lincolnshire mit ein paar Münzen in der Tasche auf den Weg nach Paris machte, ahnte keiner, daß er der Welt der Mode ein neues Gesicht geben sollte. Was wie die Handlung eines Groschenromans klingt, beschreibt die Geburt des ersten Modeschöpfers, eines Mannes, der den Modegeschmack Mitte des 19. Jahrhunderts in einem Maße bestimmte, wie es sich die damaligen Hofschneider in ihren kühnsten Träumen nicht hätten vorstellen können.

Junge Frauen gerieten 1921 in Verzückung über die Kollektion aus dem Hause Worth

Worths Erfolg

Worth war so erfolgreich, daß er 1870 über 1200 Näherinnen beschäftigte, jede Woche mehrere hundert Kleider produzierte und jährlich einen Gewinn von 40 000 Pfund erzielte. Finanzierte er die Roben für seine prominentesten Kunden zum Teil auch aus der eigenen Tasche, gewann er so doch eine viel größere Klientel als benötigt. Eine beeindruckende Karriere für jemanden, der bei seiner ersten Anstellung unter dem Ladentisch geschlafen hatte.

Es steckt eine gewisse Ironie in der Tatsache, daß der Begründer der Haute Couture ein Engländer war. Worth ging nach Paris, um in der angesehenen Firma Gagelin, dem bekanntesten Seidenhändler der Stadt, zu arbeiten. Während seiner elfjährigen Tätigkeit machte er aus dem reinen Männer-Unternehmen einen Anziehungspunkt für modeinteressierte Männer und Frauen, inszenierte die erste Modenschau, bei der die Mannequins schlichte Kleider trugen, um damit die Seidenstoffe des Unternehmens besser zur Geltung zu bringen. Diese einfachen Kreationen wurden bald zu hochbegehrten Kleidungsstücken. Worth war nun in der Lage, ein eigenes Designer-Atelier einzurichten, das trotz der Bedenken seiner Arbeitgeber schnell zu einer Art tonangebender Boutique des 19. Jahrhunderts wurde.

Sein Einfluß wuchs zunehmend, und 1858 entschloß sich Worth zur Selbständigkeit: Er gründete mit einem Partner aus der alten Firma ein eigenes Unternehmen. Der Erfolg stellte sich schnell ein, und schließlich avancierte er zum Hoflieferanten der Kaiserin Eugénie, deren Geschmack allein über das Schicksal der Stoffindustrie entscheiden konnte. Zu Worths spektakulären Erfolgen zählten das Pfauengewand für die Prinzessin de Sagan, das diese auf

1877 Cornelius Vanderbilt hinterläßt bei seinem Tod die Rekordsumme von 100 Millionen Dollar.

1880 Der Kölner Dom, die größte Kathedrale Europas, wird nach 634 Jahren Bauzeit vollendet.

1889 Ein Bekleidungsgeschäft in den USA wirbt in einer regionalen Zeitung. Bis 1987 erscheint die Anzeige täglich – 35 291mal.

Nicht unbedingt das praktischste Kleid für ein heimliches Stelldichein im Park

dem Tierball von 1864 trug – eine Orgie aus Federn mit naturgetreuem Kopfschmuck – sowie bescheidenere Kreationen heimischer Trachten, die einst bei Gagelin die Begeisterung für Worth ausgelöst hatten.

Obwohl seine kostspieligen und prunkvollen Roben bei den *nouveaux riches* der 60er Jahre sehr gefragt waren, setzte Worth nicht nur auf großes Publikum. Er veränderte die weibliche Silhouette insgesamt, indem er Taille und Rocksaum versetzte, auf Haube und Umhängetuch verzichtete und zwei wesentliche Elemente der Damenbekleidung des späten 19. Jahrhunderts einführte – den rückwärtig gebauschten Rock und die Turnüre (siehe S. 14 f.). Seine Firma wurde von der Worth-Familie weitergeführt,

bis ein rivalisierendes Unternehmen sie schließlich 1954 übernahm. Doch es ist Charles Worth selbst, an den man sich auch heute noch am besten erinnert: Er war der erste Modeschöpfer, der Sommer- und Winterkollektionen vorstellte, mit Mannequins arbeitete und seine Entwürfe für das Exportgeschäft als Schnittmuster auf Papier verkaufte. Mögen uns seine Kreationen heute auch eher wie historische Kostüme erscheinen, so waren seine Ideen – etwa die Rocklänge der Kaiserin um 25 cm zu kürzen – doch ausgesprochen radikal.

MODISCHE DETAILS

Die Robe, die Worth zu einem John Galliano des 19. Jahrhunderts machte, war ein kompliziertes Gebilde aus Tüll, Gänseblümchen, rosa Herzen, Grasbüscheln und silbernen Pailletten. Der silberne Tüll für den Rock kostete über 300 Francs. Getragen wurde diese Kreation von der Gattin des österreichischen Botschafters auf einem Staatsball, wo sie Kaiserin Eugénie auffiel. Sie ließ Worth in den Palast kommen, und von nun an wurde die eleganteste Frau Europas nicht länger von einem ergebenen Hofschneider eingekleidet, sondern von einem Modeschöpfer mit eigenem Stil – ein neuer Beruf war geboren.

Die feine Gesellschaft des 19. Jahrhunderts tummelt sich in den Modesalons

1850 Nur die Hälfte der Kinder, die in den USA geboren werden, erreichen das fünfte Lebensjahr.

1889 Louis Glass stattet Edisons Phonographen mit einem Münzschlitz aus: Man zahlt jetzt für die Musik.

1895 Einwohner der englischen Stadt Devon entdecken mysteriöse Fußspuren im Schnee. Sie sind 20 cm lang und 5 cm breit. Man hält sie für die Fußspuren des Teufels.

1850–1914

Korsett und Turnüre
Unterkleidung im späten 19. Jahrhundert

Das enorme Gewicht der Damenunterkleidung in den 50er Jahren des 19. Jahrhunderts zwang die Ladys zwar nicht in die Knie, erklärt aber den häufigen Gebrauch von Riechsalz. In jener Zeit trugen die Frauen unter dem Kleid lange, offene Unterhosen, einen Flanellunterrock, einen untersten Unterrock, einen bis zum Knie wattierten und mit Fischbein verstärkten Unterrock, einen gestärkten Unterrock und zwei Musselinunterröcke.

Ein Blick auf viele Schichten überflüssiger Unterkleider

Das Gibson-Girl

Der Illustrator Charles Dana Gibson hatte 1890 die Figur erfunden: Das Gibson-Girl entsprach dem Idealbild einer hochgewachsenen Frau, die sich oft mit großem Engagement, etwa beim Radfahren, sportlich betätigte. Ihr Bild tauchte in den unterschiedlichsten Anzeigen auf, und 1907 zeigten die Ziegfeld Follies sogar eine Revue mit dem Titel *The Gibson Bathing Girl.*

Als die Krinoline aufkam, ein mit Roßhaar versteifter, später auch aus Stahlreifen bestehender Unterrock, ersetzte sie die ganze Vielzahl der Unterröcke und sorgte in dieser Hinsicht für eine luftigere Kleidung. Wem man die Erfindung verdankte – oft wird sie Charles Worth (siehe S. 12) zugeschrieben – ist nicht geklärt, doch bereits 1860 trugen alle Frauen eine Krinoline. Auch die Oberteile veränderten sich, wurden immer schmäler und unbequemer, denn das enge Schnüren war zu einem Muß geworden. Wer gelegentlich eine lästige Ohnmacht in Kauf nahm, besaß eine Taille von nur 45 cm.

In der Folge wurde das Korsett getragen, und eine größere Oberweite gewann an Bedeutung – es gab sogar künstliche Brüste aus rosa Gummi zum Umlegen. In den frühen 70er Jahren kam die Turnüre in Mode, ein bizarres, halbkreisförmiges

S-Linie in Reinform:
Sie schädigte die Rücken der Frauen erheblich

14

1899 US-Damenkleidung: 4 Dollar für einen Rock, 35 Cent für eine Bluse, 40 Cent für ein Korsett, 5 Dollar für einen Seidenunterrock, 59 Cent für eine perlenbesetzte Tasche.

1901 Der Anarchist Leon Czolgosz erschießt Präsident William McKinley auf der Pan-American Exhibition in Buffalo. Noch im selben Jahr stirbt der Attentäter auf dem elektrischen Stuhl.

1905 Anna Pawlowa tanzt in Sankt Petersburg den *Sterbenden Schwan*.

Gestell aus Stahl oder Fischbein, das um die Taille gebunden wurde und das Gesäß unter dem Kleid bauschig betonte. Verständlicherweise lehnten manche Frauen eine derart unbequeme Kleidung ab, und auch die Künstlergruppe der Präraffaeliten stellte auf vielen ihrer Bilder Frauen mit langem, offenem Haar

Im *Tagtraum* (1880) des Präraffeliten Rossetti dürfen die Formen weich fließen

und weich fließenden Kleidern dar.

Schließlich verschwanden die Korsetts, die Frauen trugen Unterhosen aus Wolle und – mit großer Erleichterung – unversteifte Oberteile. In den 80er Jahren stellte Dr. Jaeger behagliche Wollstoffe vor, die direkt auf der Haut getragen wurden, sowie aus einem Stück gearbeitete Unterwäsche (sogenannte *Combinaison*). Doch die Begeisterung für eine künstliche, geschnürte Körperform sollte um die Jahrhundertwende in der berühmten S-Linie nochmals ihren Ausdruck finden. Die durch Korsetts erreichte S-förmige Körperhaltung entsprach genau dem Ideal der Zeit, dem *Gibson-Girl* (siehe Kästchen links).

MODISCHE DETAILS

Die langen Frauenunterhosen bestanden ursprünglich aus zwei separaten Hosenbeinen, die in der Taille von einer Schleife zusammengehalten wurden. Mehrere derartige Unterhosen Queen Victorias, die man auf einer Auktion versteigerte, wurden folgendermaßen beschrieben: »zwei große Leinenschlingen, vorne offen und von einer Schnur zusammengehalten.«

1912 wurden die ersten Büstenhalter eingeführt, die jedoch nicht die heutige Form besaßen, sondern eher einem Mieder ähnelten. Spätere Modelle von Mary Phelps Jacob in den USA waren weicher, büstengerechter geformt und um einer natürlicheren Form willen in der Mitte zusammengefaßt. Als die Röcke schlanker wurden, verloren auch die Unterröcke an Volumen und bekamen eine schmale Röhrenform. Offene Frauenunterhosen waren jedoch noch bis zum Ersten Weltkrieg verbreitet.

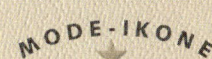

MODE-IKONE

Die in Spanien geborene **Kaiserin Eugénie** (1826–1920) wurde durch ihre Heirat mit Napoleon III. im Jahr 1853 zum Modevorbild. Zwanghaft kopierte man ihren Stil bei Hof, jedes Zierband wurde bemerkt und imitiert. Eugénie liebte die Krinoline und trug möglicherweise das erste Exemplar, das man jemals in England erblickte, als sie 1855 Queen Victoria besuchte. Dank ihres Couturiers Charles Worth erreichten ihre Krinolinen sagenhaften Umfang, ehe sie dem vorne flachen Rock ohne Krinoline den Vorzug gab und alle Damen von Rang ihr nacheiferten.

1892 In seinem Buch *How to Write a Popular Song* warnt Charles Harris: »Musikstile ändern sich so schnell wie die Damenmode«.

1933 Für das Rockefeller Center in New York gestaltet der mexikanische Maler Diego Rivera das Wandgemälde *Man at the Crossroads*.

1981 In Alberta, Kanada, wird das größte Einkaufszentrum der Welt eröffnet; es besteht aus über 800 Geschäften, einschließlich elf großer Kaufhäuser.

1900–1995

Große Geschäfte
Das Kaufhaus

Der Einkaufsbummel als Erholungsform ist vielleicht eine der größten Erfindungen des 20. Jahrhunderts. Als erste profitierten davon die prächtigen Kaufhäuser, die um die Jahrhundertwende entstanden.

Einkaufen bis zur Erschöpfung

Pariser Chic

Die Beliebtheit der Kaufhäuser gründete sich zu Anfang vor allem auf die Schnelligkeit, mit der sie die neuesten modischen Kreationen aus Paris importieren konnten. Edwin Goodman begab sich regelmäßig auf Einkaufsreisen, Debenham und Freebody warben 1928 erfolgreich mit original französischen Roben. Die eigenen Designer der Kaufhäuser begannen aber auch, französische Mode zu imitieren, um weniger teure Alternativen anzubieten. Mit dem Zweiten Weltkrieg endete in den USA jedoch die Dominanz der Pariser Haute Couture, als Modeschöpfer wie Claire McCardell (siehe S. 64) einen amerikanischeren Stil propagierten. Das heutige Warenangebot der Kaufhäuser stammt aus der ganzen Welt.

In Großbritannien entwickelten sich viele der bekanntesten Kaufhäuser aus Kurzwarenhandlungen, in den USA aus Eisenwarenläden. Sie machten der Allgemeinheit erstmals Mode zugänglich. Clevere Kaufleute, die entdeckt hatten, daß immer mehr Menschen ein Modebewußtsein entwickelten und manche Frauen ihre neuen Kleider sogar vom eigenen Gehalt zahlen konnten, gründeten Anfang des 20. Jahrhunderts riesige Unternehmen. Der Schneider Her-

man Bergdorf tat sich um die Jahrhundertwende mit Edwin Goodman zusammen, und ihr Warenhaus in New Yorks Fifth Avenue ist auch heute noch ein wahres Einkaufsparadies. Neiman Marcus wurde 1907 von Herbert Marcus sowie dessen Schwester und Schwager, Mr. und Mrs. Neiman, gegründet, um die neueste Mode auch in das durch Öl reich gewordene Texas zu bringen. Harrods in London war 1849 aus einem Kolonialwarenladen enstanden und führte 1898 als erstes Kaufhaus ein bald unver-

Eine riesige Auswahl und so wenig Zeit: eine Kundin vor Bloomingdale's in New York

1983 Bei einem Bombenanschlag der IRA vor dem Kaufhaus Harrods in London werden sechs Menschen getötet und 90 verletzt

1994 Die Saskatchewan Seniors' Association stellt die größte Patchwork-Decke der Welt her (47 x 25 m).

1995 Wal-Mart wird verurteilt, seiner Angestellten Peggy Kimzey wegen sexueller Belästigung 50 Millionen Dollar Schmerzensgeld zu zahlen.

Englische Damen um 1900 eilen zur Eröffnung des Schlußverkaufs bei Harrods

Harrods, Harvey Nichols und Bergdorf Goodman distanzierten sich bis in die 80er Jahre des 20. Jahrhunderts deutlich von diesen neuen Warenhäusern. Sie warben mit Designer-Namen und verwendeten innovative Marketing-Strategien, um durch Exklusivität (und höhere Preise) zu überleben.

zichtbares Element, die Rolltreppe, ein, um den Kunden mit ihren zahlreichen Tüten den Einkauf zu erleichtern. Auf der Höhe des Erfolgs, als Debenham und Freebody ihr Kaufhaus 1908 umbauen ließen, beschrieb man Harrods als ›Palast‹ und feierte es als eines der weltweit besten Geschäfte.

In dieser Blütezeit importierten die Kaufhäuser ohne große Verzögerung modische Konfektionsbekleidung aus Paris, führten das moderne Konzept der Auslagen mit Schaufensterpuppen ein und verfügten über riesige Werkstätten, um die Wünsche ihrer Kunden erfüllen zu können. Seit Beginn des Zweiten Weltkriegs setzten sich jedoch mehr und mehr Warenhäuser wie Marks & Spencer mit breiterem Angebot durch. Prestigeträchtige Kaufhäuser wie Saks,

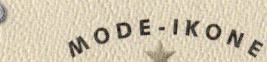

MODE-IKONE
★

An zentraler Stelle in Londons Oxford Street wurde 1909 **Selfridges** gegründet, das ›perfekte‹ Kaufhaus des Amerikaners Gordon Selfridge. Während die meisten Kaufhäuser nur langsam entstanden, wurde dieses nach speziellen Plänen erbaut. Die anfangs 120 Verkäufer stellte man bereits Monate vor der Eröffnung ein. Auf insgesamt 104 Seiten wurde für das neue Kaufhaus in Zeitungen und Zeitschriften geworben, wobei man die Kunden dazu einlud, den Tag mit einem vergnüglichen Einkaufsbummel zu verbringen. Im Innern entsprach Selfridges heutigen Standards mit schmeichelndem Licht, sanfter Musik, frischen Blumen und engagierten Verkäufern, die nichtsahnende Kunden mit Parfüm besprühten. Die Grundausstattung blieb bis zur Renovierung 1997 unverändert – ein Beweis für Selfridges Weitsicht.

Selfridges in London ist auch heute noch ein wahres Einkaufsparadies

1896 Im *Scientific American* wird berichtet, daß Juweliere und Uhrmacher ihre Geschäfte aufgeben, da die Menschen ihr Geld für Fahrräder ausgeben.

1917 Experten können sich die Fotografie eines 15jährigen Mädchens nicht erklären. Zu sehen ist ihre Cousine, die mit einer Gruppe Feen tanzt. Erst 1983 gibt die Cousine die Fälschung zu.

1929 Ethel Granger aus dem britischen Peterboro reduziert ihren Taillenum fang in den folgenden ze Jahren von 55 auf 32,5

1890 bis heute
Zu Hause einkaufen
Mode per Post

Das durchaus geniale Konzept, Mode in Katalogen anzubieten, nahm um 1890 in den USA seinen Anfang. Wegen der Größe des Landes hatten viele potentielle Kunden nur selten Gelegenheit, Kleidung zu kaufen, und dies brachte einige risikofreudige Unternehmer auf die Idee, Mode in Katalogen oder ganzseitigen Zeitungsannoncen anzubieten und die Ware anschließend per Post zu verschicken. Zwar sahen die Kleidungsstücke – mit stets zu kurzen Ärmeln – nie so schön aus wie auf den Abbildungen, doch die modehungrigen Kunden waren begeistert.

In den frühen Tag des Modeversand kam das Korsett der Postkutsche

Diese hübschen Skianzüge wurden einst im Modekatalog von Sears angeboten

Schnell wurde das Angebot sehr anspruchsvoll. Siegel Cooper & Co. erklärte, daß jede Frau in den USA die Möglichkeit haben sollte, die neueste Mode aus dem ›berühmten Haus Paquin in Paris‹ zu beziehen, während Sears 1908 ›elegante Spitzenunterwäsche‹ für nur sechs Dollar anbot. Sears Roebuck wurde bald zum größten amerikanischen Modeversand und versorgt bis heute auch die entlegensten Winkel in den USA mit Mode.

In Großbritannien bot Debenham & Freebody bereits 1870 Mode per Post an – von Maßgeschneidertem bis zur Konfektionsware. Den britischen Modeversand nutzten jedoch vor allem ältere Frauen der Arbeiterklasse, da sie auf diese Weise problemlos günstige Kleidung kaufen konn-

1932 Die Zeitschrift *Family Circle* mit köstlichen Rezepten für die ganze Familie wird erstmals gedruckt und in amerikanischen Supermärkten verteilt.

1954 Nur noch 154 Amerikaner verdienen jährlich über eine Million Dollar – 1929 waren es 513.

1987 Eine amerikanische Zeitungsreklame für Wodka spielt ›Jingle Bells‹, wenn man sie aufklappt.

ten. Um auch jüngere Kundinnen zu gewinnen, verpflichtete Freemans in den 60er Jahren den Popstar Lulu (1969 mit ihrem Grand Prix-Hit ›Boom Bang-a-Bang‹ bekannt geworden), die für eine neue Teenager-Mode warb.

In den 80er Jahren wurden in Großbritannien 13 Prozent der Damen- und Kinderbekleidung über Kataloge bezogen. Diese Entwicklung war auch durch das geschickt plazierte Angebot von Designer-Moden unterstützt worden. Modelle von Jasper Conran, Benny Ong, Joseph, Red or Dead, Vivienne Westwood und Betty Jackson sind alle schon in Katalogen erschienen. Außerdem gab es einen Zuwachs an Katalogen mit speziellem Angebot, etwa Racing Green und Boden. Auch Kaufhäuser und Geschäfte wie Marks & Spencer folgten der Entwicklung und bringen mittlerweile wunderschön fotografierte Hochglanzkataloge heraus – für Kunden mit wenig Zeit.

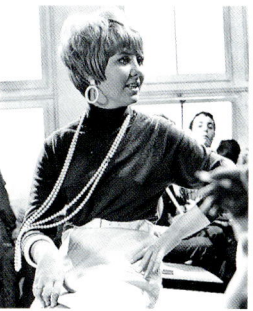

Pop-Sängerin Lulu aus Glasgow wirbt musikalisch für die Mode von Freemans

Fernseh-Shopping

Täglich gibt es im Kabelfernsehen neue Verkaufskanäle. Das Angebot ist nahezu überwältigend, die Qualität läßt jedoch oft zu wünschen übrig – und auch die Preise sind nicht unbedingt günstig. QVC ist inzwischen Großbritanniens größter Anbieter von 14karätigem Gold und verkauft außerdem Kleidung und Haushaltswaren. Viele Produkte werden mittlerweile von mehr oder weniger bekannten Stars und Berühmtheiten wie zum Beispiel Ivana Trump angepriesen.

Elektronisches Shopping

Die Zukunft des Modeversands liegt wahrscheinlich im Bereich der elektronischen Medien, ob mittels Fernsehkanäle, CD-Rom oder Internet. Unternehmen wie La Redoute und Freemans habe bereits Versuche gestartet, und viele Designer besitzen eine eigene Web-Site, die den Einkauf mit der Kreditkarte ermöglicht. Zwar kann man noch nicht über jede Web-Site einkaufen, doch scheint es nur eine Frage der Zeit, bis elektronisches Shopping ebenso einfach ist wie das Surfen im Internet.

MODISCHE DETAILS

Das legendäre britische Fachgeschäft Marks & Spencer wurde 1894 gegründet, entschied sich aber erst in den 80er Jahren zum Modeversand. Seine Kataloge bieten unterschiedlichste Konfektionsware an und bewahren viele Kunden vor schmerzenden Füßen.

Hochglanzkataloge locken zum Kauf

1800 bis heute

Savile Row
Maßgeschneiderte Herrenmode

Seit den Tagen des Dandys Beau Brummell (1778–1840) ist die Savile Row in London ein Synonym für elegante, maßgeschneiderte Herrenbekleidung und genießt nicht nur in Großbritannien, sondern auch international einen hervorragenden Ruf. Oscar Wilde dachte zweifellos an die Savile Row, als er erklärte, daß ein Mann zuallererst seinem Schneider verpflichtet sei.

Die stolzen und traditionsreichen Gebäude in Londons Savile Row

MODISCHE DETAILS

Die Kunden von Gieves & Hawkes, einer über 200 Jahre alten Maßschneiderei, waren ursprünglich Offiziere und vornehme Herren. Heute hat sie ihr Angebot um Konfektionsware erweitert, fertigt aber immer noch maßgeschneiderte Anzüge. Huntsman stellte Reithosen für den Adel her sowie schmal geformte, aus der Reitjacke entstandene Jacketts. Die Firma Kilgour, French & Stanbury bevorzugte weiche Wollstoffe sowie die natürlichere Merinowolle, Alpaka und Kaschmir. In seinem Atelier in Savile Row Nr. 14 kleidete Hardy Amies Mitglieder der königlichen Familie ein.

Die Savile Row ist der Ort, an dem die Anfertigung des maßgeschneiderten britischen Herrenanzugs in über 200 Jahren zur Perfektion gelangte. Hier wurde der Herrenschneider zum Kunsthandwerker, der die einzelnen Kleidungsstücke so zurechtschnitt und verarbeitete, daß sie auch dem korpulentesten Herrn vollendet paßten. Seinen Höhepunkt erreichte der Stil der Savile Row in den 30er Jahren des 20. Jahrhunderts, als man Tradition und

Innovation miteinander verband und unter anderem den unverzichtbaren zeitlosen Flanellanzug vorstellte. Nach dem Krieg erholte sich das Gewerbe hier nur langsam und mühevoll, obwohl (oder vielleicht gerade weil) Politiker und Präsidenten zu den Kunden zählten, darunter auch Harold Macmillan und John F. Kennedy.

In den 60er Jahren hatte die Savile Row endgültig gegen die Anziehungskraft der zeitgemäßeren Carnaby Street verloren. (Die Schneider der Savile Row verweigerten sich modern geschnittener Unterwäsche und Hosen mit Gürteln.) Nicht einmal Tommy Nutter, der Schneider von Stars wie Mick und Bianca Jagger oder Twiggy, konnte sie retten. (Die Beatles galten zwar nicht als Liebhaber von Nadelstreifen, ihre

1956 Julie Andrews und Rex Harrison treten am Broadway mit Songs wie ›Why Can't the English Teach Their Children How to Speak?‹ in dem Musical *My Fair Lady* auf.

1978 Wegen eines Streits mit der Druckergewerkschaft können die *Times* und die *Sunday Times* elf Monate nicht erscheinen.

1984 Als der 360 kg schwere Londoner Peter Yarnall stirbt, müssen Feuerwehrmänner eine Zimmerwand durchbrechen und den Körper abseilen.

Klatsch Cary Grant ließ seine Anzüge bei Kilgour, French & Stanbury fertigen, die zuvorkommenderweise seine Schultern wattierten, damit sein Kopf kleiner wirkte. Für seine Anzüge von Scholte's überquerte Jack Buchanan in den 20er Jahren den Atlantik. Doch nicht alle Hollywoodlegenden waren der versnobten Savile Row gut genug. Als Fred Astaire seine Anzüge bei Hawes & Curtis, dem Schneider des Prinzen von Wales, anfertigen lassen wollte, lehnte man dies glattweg ab, da er im Showbusiness tätig war. Schließlich ging er zu Anderson & Sheppherd, die immerhin auch zur Savile Row gehörten.

Die geheiligten Hallen von Gieves & Hawkes, wo man peinlich genau auf Tradition achtet

Moderne Mode nach Maß, getragen von Männern und Frauen – und ohne Krawatte

Songs nahmen sie jedoch weiterhin in den Apple Studios in der Savile Row, Hausnummer 3 auf.)

Der maßgeschneiderte Herrenanzug wurde in den 80er Jahren von der Yuppie-Generation wiederentdeckt, und er gilt bis heute als Inbegriff des britischen Lebensstils, auch wenn die Produktionszahlen verschwindend gering sind. Um den Standard der Savile Row zu erhalten, ist man von einer internationalen Klientel abhängig, denn etwa drei von vier Maßanzügen werden von ausländischen Besuchern gekauft, die einen Preis von mindestens 1000 Pfund zahlen können.

Den Geist von Savile Row verkörpert heute eine neue Generation britischer Schneider, dazu gehören *Ozwald Boateng* (geb. 1967), *Timothy Everest* (geb. 1961), *Richard James* (geb. 1953) und *Mark Powell* (geb. 1960).

21

1900 Im ewigen Eis Sibiriens wird ein aufrecht stehendes Mammut entdeckt. In seinem Magen befindet sich unverdaute Nahrung, in seinem Maul stecken Butterblumen.

1907 In Berlin wird das Kaufhaus des Westens (KaDeWe) errichtet, heute das größte Warenhaus des Kontinents.

1920 Auf dem Londoner Flughafen Croydon starten und landen von nun an Flüge vom und zum Kontinent.

1900 bis heute

Regenmantel und Gummistiefel
Country-Look

Der Schutz vor den Elementen als wichtiger britischer Exportartikel: 100 Jahre Burberry

Im Dienste Ihrer Majestät

Winston Churchill, Lady Diana Cooper, Rudyard Kipling, Sir Arthur Conan Doyle, Sir Harry Lauder, W. Somerset Maugham, Dame Nellie Melba, George Bernard Shaw, A.A. Milne, Pola Negri, Al Jolson, Marlene Dietrich, Katharine Hepburn, Jane Fonda, Peter Falk, Dustin Hoffman, George Bush, Ronald Reagan und General Schwarzkopf. Burberry ist in königlichen wie aristokratischen Kreisen gleichermaßen gut ›vertreten‹. Zu seinen Stammkunden zählen 22 gekrönte Häupter Europas, 14 östliche Herrscher und 319 Angehörige des britischen Hochadels. Das Unternehmen wird sowohl von Königin Elizabeth als auch Prinz Charles weiterempfohlen. Belohnt wurde Burberry für diesen ausgezeichneten Ruf mit einem Eintrag im *Oxford English Dictionary.*

Obwohl moderne britische Modeschöpfer wie Westwood, McQueen und Galliano einen neuen Stil verkörpern (siehe S. 136 f.), hat die Mode Großbritanniens traditionell wenig mit experimentellem Design zu tun, sondern viel mehr mit wasserdichten Mänteln,

Reitkleidung aus Tweed und moosgrünen Gummistiefeln. Sofort denkt man dabei an das britische Landleben, an gewachste Regenmäntel (die berühmten Mackintoshs) und an Reitersleute, die von ihren Hunden begleitet über die Landstraßen traben.

Die britische Oberschicht hegt eine große Liebe zu ihren Pferden und bevorzugt einen ländlichen Stil

Jährlich werden weltweit etwa 100 000 Burberry Mackintoshs verkauft, und die grünen gewachsten Barbour-Jacken kennt man seit 1870. Sie alle gehen auf den Schotten *Charles Mackintosh* (1760–1843) zurück, dem es 1830 gelang, Kohlenöl und Kautschuk zu einer

1937 Großbritannien führt den Notruf 999 ein, mit dem man die Polizei, die Feuerwehr oder einen Krankenwagen rufen kann.

1951 Für den Erwerb von 1 kg Butter beträgt die Arbeitszeit in Großbritannien 91 Minuten, in Deutschland 240 Minuten.

1975 Für die junge britische Oberschicht, die in London und auf dem Land einen Wohnsitz hat und teure, aber lässige Kleidung trägt, wird der Name ›Sloane Rangers‹ geprägt.

wasserdichten Lösung zu vermischen, mit der er dann Stoffe überzog. Das Ergebnis war ein Regenmantel, der trotz der plumpen Form und des anfänglich unangenehmen Geruchs schnell beliebt wurde.

Seit der Zeit der offenen Kutschen ist der Mackintosh natürlich um einiges raffinierter geworden und längst mehr als ein notwendiges Kleidungsstück für schlechtes Wetter. Er hat sich zum Kultobjekt entwickelt, dessen Vielseitigkeit die traditionelle Verwendung weit übertrifft. Von den klassischen Burberry- und Aquascutum-Regenmänteln bis hin zu Luxusmodellen von Louis Vuitton eignet sich der Mackintosh gleichermaßen für ältere Damen, die im Park Tauben füttern, wie für Popstars oder andere Berühmtheiten. Unverzichtbar ist er für jene Mitglieder der britischen Oberschicht, die zwischen dem Stadt- und Landleben hin und her pendeln und ihn gern zu Perlenkette und Kaschmir-Twinset tragen, oder für Kaufleute aus der Großstadt zum anthrazitfarbenen Anzug.

In den 90er Jahren des 20. Jahrhunderts wurde dieser ländliche

MODE-IKONE ★

Filmstars im Burberry-Look:
Audrey Hepburn und Humphrey Bogart · Gary Cooper und Joan Crawford in *Today We Live* (1933) · Jacques Tati in *Mon Oncle* (1958) · George Peppard in *Operation Crossbow* (1965) · Julie Andrews in *Der zerrissene Vorhang* (1966) · George C. Scott in *Patton* (1970) · Robert Mitchum in *Farewell My Lovely* (1975) · Meryl Streep in *Kramer gegen Kramer* (1979) · Michael Douglas in *Wall Street* (1987) · Warren Beatty in *Dick Tracy* (1990).
In dem Film *The Pink Panther Strikes Again* (1976) hatte Peter Sellers stets zwei Burberrys am Set – für den Fall, daß ein Exemplar beim Drehen beschädigt würde.

Stil verjüngt. Burberry verpflichtete den früheren Montana- und Jil Sander-Designer *Roberto Menichetti* (geb. 1961), der den ›Country-Look‹ aufpolierte. Die neue Kollektion hatte nicht mehr viel mit dem traditionsbewußten Gutsherrn zu tun, gewann jedoch eine städtische Klientel.

1909 Frank Lloyd Wright vollendet in Chicago das berühmte Robie House, bei dem die Wände weit vor-kragen, damit es im Winter so hell, im Sommer so schattig wie möglich ist.

1910 Zum ersten Mal wird der Vatertag gefeiert. Die Idee stammt von Mrs. John Bruce Dodd, deren Vater nach dem frühen Tod seiner Frau sechs Kinder großzog.

1911 Durch den Song ›Everybody's Doing It‹ von Irving Berlin wird der Turkey Trot-Tanz populär.

1912 Die deuts Firma Rowenta stellt das erste elektrische Büge eisen her.

1909–1914

Die Kunst des Kleidens
Ballett, Illustration und Antike

Um 1900 war Paris ein höchst aufregender Ort, denn hier konzentrierte sich das künst-lerische Schaffen – die Stadt präsentierte sich gern als Mittelpunkt der kreativen Welt. Überall begegnete man der Kunst. Die Modedesigner konnten aus einer Fülle neuester Strömungen schöpfen und diese in die Formensprache ihrer eigenen Kollek-tionen übertragen.

Nikolaj Tscherepnins *Narcisse*, die mit Riesenschlangen aus geblümtem Chiffon kämpft

MODE-IKONE
★

Das neben Matisse bekannteste Mitglied der Künstlergruppe der Fauvisten war **Raoul Dufy** (1877–1953). Mit seinem Form- und Farbverständnis war er wie geschaffen für die Welt der Mode, und schnell konnte ihn Paul Poiret für sich gewinnen. Dufy ent-wickelte Druck- und Färbetechniken, die mit Poirets von der Kunst beeinflußtem Stil wun-derbar harmonierten. In der Folge arbeitete Dufy mit einer französischen Textilfirma und entwarf große Muster zum Bedrucken von Seiden- und Brokatstoffen, die den Stil der Fauvisten deutlich erkennen ließen.

Diese Verquickung von Kunst und Mode umzusetzen, gelang vor allem dem Illustrator *Paul Iribe* (1883–1935). In einem Katalog für den Modedesigner *Paul Poiret* (1879–1944) gab er dessen visuelle Botschaft aufs genaueste wieder. Seine Entwürfe waren so beeindruckend, daß das Atelier von *Madame Paquin* (eigentlich Jeanne Beckers, 1869–1936, eine Frau mit Gespür für neue Strömungen) mehrere Illustrationen kaufte und danach eigene Modelle arbeitete.

Nicht nur die Kunst beeinflußte die Modedesigner jener Zeit, sondern auch das Theater. Große Bedeutung erlangten hierbei die Ballets Russes, die 1909 zum ersten Mal in Paris auftraten. Es folgten weitere inspirierte Produktionen wie Strawinskys *Feuervogel* (1910). Der Tänzer Nijinsky elektrisierte Paris mit seinen immer ausgefalleneren Kostümen, die die Modewelt im Sturm eroberten, und sein Stil wurde bald von Poiret aufgegriffen.

MODISCHE DETAILS

Leon Bakst (1866–1924) fertigte für die Ballets Russes höchst eigenwillige Kostüme, die mit ihren kräftigen Farben und orientalisierenden Formen in starkem Kontrast zu den strengen Kleidern jener Zeit standen. Poiret gab einen Ball, um diesen populären exotischen Stil zu feiern. Doch in der Folge stritten Bakst und Poiret, wer den neuen Look nun eigentlich kreiert habe. Bakst ist es jedenfalls zu verdanken, daß plötzlich »jede Frau wie eine Haremsdame aussehen wollte«. Zu den Accessoires zählten Turbane, weite Hosen und reichbestickte Stoffe.

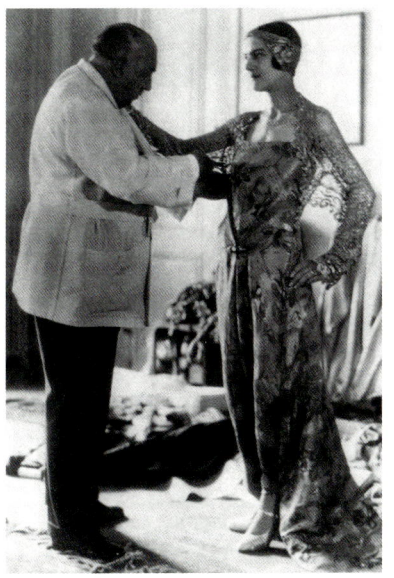

Poiret prüft, ob das Oberteil einer neuen Robe auch richtig sitzt

inspiriert, und das klassische Altertum beeinflußte auch weiterhin Fortunys Experimente mit Mode, etwa seine berühmte Delphos-Robe – ein Lieblingsgewand der Tänzerin Isadora Duncan.

Man interessierte sich aber auch für altgriechische und kretische Ästhetik. Die berühmten Schals von *Mariano Fortuny* (1871–1949) wurden durch die Entdeckung von Knossos Anfang des 20. Jahrhunderts

Eine Kreation Paul Poirets aus dem Jahr 1915

25

1904 Das Gibson-Girl, von Illustrator Gibson erfundenes Idealbild einer Frau, ermuntert viele Frauen zum Radfahren und Tennisspielen.

1922 Der Spanier Isaac Carasso kommt auf die Idee, Joghurt mit Früchten anzubieten.

1935 Wallace H. Carothers entwickelt das ›Polymer 6.6‹, das später in Nylon umbenannt wird.

1900 bis heute
Strumpfmoden
Strumpfwaren für die Dame

Als man die zahlreichen Schichten Damenunterkleidung endlich abgeschafft hatte, nahm die Bedeutung der Strumpfwaren deutlich zu. Der Damenstrumpf trat seinen vielbeachteten Siegeszug durch das 20. Jahrhundert an, wobei er so manche Wandlung durchlebte und immer wieder die Phantasien der Männer anregte.

Verführerische Strumpfmode aus Nylon

Vor dem Ersten Weltkrieg trugen alle anständigen Frauen schwarze Wollstrümpfe – weiße Strümpfe galten als unseriös. Doch bereits in den 20er Jahren waren gemusterte Strümpfe in neuen Tönen, etwa hellblau, fleischfarben und gelb, und mit aufgestickten Schlangen um die Knöchel die große Mode. Produkte aus Seide und Kunstseide wurden jetzt in größerem Maße angeboten, doch durfte Kunstseide nicht naß werden, da sie dabei die Form verlor.

In den 30er Jahren verwendete man für Kniestrümpfe und lange Strümpfe Lastex, einen Kautschukfaden, obwohl der Strumpfhalter immer noch die sicherste Methode der Befestigung darstellte. Die vielfältigen Farbtöne waren mitunter höchst gewagt, reichten von kupferfarben bis leuchtend blau. Revolutioniert wurde das Angebot jedoch erst durch die Nylon-Strümpfe, und der Reiz

Auch in den 60er Jahren wurden Wollstrümpfe getragen – allerdings in schrillen Farben zum passenden Minirock

1954 In Neuseeland ermorden Juliet Hulme (15) und Pauline Parker (16) Paulines Mutter mit einem Ziegelstein, den sie in einen Strumpf gewickelt haben.

1973 Die Modezeitschrift Vogue erklärt mit Nachdruck, »ein bedecktes Knie ist unmodern«.

1987 Nach einem Prozeß mit 452 angeklagten sizilianischen Mafiaangehörigen wandern 338 davon ins Gefängnis.

Schöne Bräune

Coco Chanel und ein reiches amerikanisches Ehepaar, genannt die Murphys, sollen bereits 1922 den Trend eingeleitet haben: Mit einem Mal war das Sonnenbaden sehr beliebt und Sonnenbräune galt nicht mehr als vulgär, während man die schwarzen Strümpfe nur noch abends oder bei Beerdigungen trug. Gebräunte Beine wurden zur *mode du jour* – natürlich mit den entsprechenden Strumpffarben, die bis heute den Markt beherrschen.

des neuen Produkts verstärkte sich noch dadurch, daß die ›Nylons‹ im Zweiten Weltkrieg nicht erhältlich waren. Bald gab es sie sogar in 15 den – zu damaliger Zeit unfaßbar fein.

Strumpfhosen

Als in den 60er Jahren der Minirock in Mode kam, begann eine düstere Zeit für die Strumpfindustrie, denn man hielt Strumpfhosen für sehr viel geeigneter, um darin so viel Bein zu zeigen. Die Strumpfhose litt wiederum unter der zunehmenden Vorliebe für Hosen, welche in den 70er Jahren dem Markt für Damensocken zugute kam. Zu dieser Zeit wurden dank verbesserter Herstellungstechniken auch wieder die luxuriö-

Das wichtigste bei Nahtstrümpfen ist der perfekte Sitz

Sombreros und Strumpfhosen in gebräunter Hautfarbe – die Mode der 70er

Die ruhmreichen Drei von Ergee

sen Seidenstrümpfe angeboten.

In den frühen 80ern kamen einmal mehr Strumpfhosen mit Mustern und Verzierungen an den Knöcheln auf, für deren Nachfrage Prinzessin Dianas Vorliebe für kleine Schleifchen am Fußgelenk sorgte. Die Farbpalette explodierte, und die Muster wurden immer ausgefallener, ob Tiere, Schottenkaros, Paisley- und Blütenmotive oder Computerbilder. In den 90ern begann man behutsam, Strumpfwaren in den Modefarben der Saison zu produzieren. Designer wie *Rei Kawakubo* (geb. 1942) von Comme des Garçons förderten eine neue Vorliebe für schwarze, blickdichte Strümpfe, womit sich der Kreis schließt und wir wieder bei der Mode zu Beginn des Jahrhunderts angelangt sind (siehe S. 94 f.).

MODISCHE DETAILS

Mit der Minimode entstanden natürlich auch die passenden Strumpfwaren. Micromesh, das an ein unregelmäßiges Netz erinnert, war das zeitgemäße Material dafür. Mary Quant (siehe S. 84 f.) produzierte schon 1965 eigene Designer-Strumpfwaren und entwarf 1967 Blumenmuster sowie Strumpfhosen mit ihrem berühmten Gänseblümchen-Logo.

1917 Zu den neuen Wörtern, die in diesem Jahr in Gebrauch kommen, gehört auch ›camouflage‹ (Tarnung).

1929 Kellogg's bringt ›Rice Crispies‹ auf den Markt, die mit Milch übergossen in der Schüssel ›knusprig knistern und aufplatzen‹ sollen.

1939 In Glasgow wird das Pfeilwurfspiel Darts in städtischen Pubs verboten, da es zu gefährlich ist.

1914 bis heute
›Dressed to Kill‹
Militärkleidung und Military-Look

Die Zeit der modernen Kriegsführung hatte begonnen, aber die Armeen hielten an den veralteten und unpraktischen Uniformen des 19. Jahrhunderts fest. Der Wandel der Militärkleidung war jedoch nicht aufzuhalten, ebensowenig wie deren vielfältige Einflüsse auf die ›zivile‹ Mode.

Armeebestände

In den 50er Jahren durfte die Zivilbevölkerung in den USA erstmals Militärkleidung tragen, und so schossen in den größeren Städten Geschäfte aus dem Boden, die Restbestände aus Armeebesitz verkauften. Lange bevor man sie für den Laufsteg entdeckte, avancierten Duffelcoats, Bomberjacken, Seesäcke, fellbesetzte Fliegerjacken, Hosen mit Tarnmuster und schwere schwarze Stiefel zur Grundausstattung armer Studenten, die in heruntergekommenen Apartments lebten.

›Harte‹ Mädchen tragen schwere Stiefel und seit den 90ern Mäntel im Military-Look

In den Schützengräben des Ersten Weltkriegs retteten die Helme vielen Soldaten das Leben, doch britische Offiziere trugen weiterhin eigensinnig ihre Baretts und Schwertgurte, obwohl beides ein hervorragendes Ziel für Heckenschützen war. Die Deutschen wiederum konnten sich nicht von ihren Pickelhauben trennen, die sie im Gefecht mit einem Tuch bedecken mußten, damit sie nicht so leicht zu sehen waren. 1915 hatte sich die französische Armee entschlossen, ihre flotten roten Hosen gegen nicht minder elegante himmelblaue Exemplare auszutauschen, die, im Gegensatz zu dem eher erdverbundenen Khaki der Briten, ausgewählt wurden, damit die Truppen vor dem Himmel nicht auszumachen waren. Der Wüstenkrieg von 1917 führte zu einigen sonderbaren Kreationen, etwa khakifarbenen Schürzen, die schottische Soldaten über dem Kilt trugen, und breitkrempigen Hüten für die neu eingetroffenen Amerikaner.

Auch der Zweite Weltkrieg brachte modische Besonderheiten mit sich. Amerikanische Matrosen auf Hawaii trugen zu ihren

1942 Die US-Navy führt das T-Shirt ein, das zur besseren Schweißaufnahme entwickelt wurde.

1946 Von Southampton in Großbritannien verlassen die ersten GI-Bräute Europa, um ihren Ehemännern in die USA zu folgen.

1976 Erstmals werden in den USA Frauen zur Militär-Akademie in West Point zugelassen.

weißen T-Shirts blaue Halstücher, während sich amerikanische Bomberpiloten mit fellgefütterten Jacken vor der Kälte in unbeheizten Flugzeugen schützten – ein Stil, der bis heute beibehalten wurde. Japanische Soldaten banden ihre Hosen bis zu den Knien, und ihre unverwechselbaren Hüte (spitz zulaufend, mit einem roten Stern) wurden zu einem bleibenden Symbol des Zweiten Weltkriegs. Interessanterweise war die Klei-

Oswald Mosleys ›Schwarzhemden‹ in den 30er Jahren: seine Anhänger trugen nichts anderes

MODISCHE DETAILS

Stellungskriege mit Schützengräben erforderten eine Militärkleidung, die die Truppen verbarg statt auf sie aufmerksam zu machen. Inzwischen gibt es 350 verschiedene Tarnmuster, die jedoch weniger dem Schutz der Soldaten dienen, sondern ein Symbol der Kriegsführung geworden sind. Muster wie die berühmten Tigerstreifen aus Vietnam wurden Teil der Straßenkultur und erscheinen auch auf dem Laufsteg – sogar bei Versace (siehe S. 126 f.).

Baby Spice – perfekt gekleidet für eine Laufbahn in der königlich-britischen Armee

dung seiner Armee zum Teil auch für Hitlers Scheitern an der russischen Front verantwortlich. Die an die Kälte gewöhnten sowjetischen Truppen trugen gestrickte Mützen, Schafsfellmäntel und fellgefütterte Stiefel, während die für Hitlers ehrgeizige Pläne eilig produzierten deutschen Uniformen für russische Winter völlig ungeeignet waren.

Der Military-Look mit Natojacke und Kampfanzug kam 1998 wieder in Mode, und ein militärischer Stil beeinflußte auch die *New Romantics* in den frühen 80er Jahren (siehe S. 118 f.).

Schwarz- und Braunhemden

Faschisten konnten dem Reiz beeindruckender Uniformen noch nie widerstehen. Die Faschisten in Italien und die Nationalsozialisten in Deutschland lieferten hierfür Beweise im Übermaß. Bereits in der Hitlerjugend gab es zahlreiche furchteinflößende Gürtel und Schnallen. In Großbritannien sorgte Oswald Mosley dafür, daß seine Anhänger schwarze Hemden trugen, und schuf damit auch gleich die passende Bezeichnung. Als Deutschland in Polen einmarschierte, trugen die Wehrmachtssoldaten Uniformen mit blitzenden Krägen und polierte Reiterstiefel.

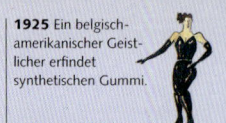

1914 Nach seiner Drohung, kompromittierende Briefe zu veröffentlichen, wird Gaston Calmette, der Herausgeber der Zeitung Le Figaro, von der Gattin des französischen Finanzministers Joseph Caillaux ermordet.

1921 Um die Touristensaison zu verlängern, veranstaltet Atlantic City die erste Mißwahl in den USA. Die acht Teilnehmerinnen vertreten ihre Heimatstädte (nicht Staaten), in denen sie bereits eine Vorausscheidung gewonnen haben.

1925 Ein belgisch-amerikanischer Geistlicher erfindet synthetischen Gummi.

1911–1955
Schlichte Eleganz
Molyneux und Balmain

Während Modeschöpferinnen wie Chanel und Schiaparelli darum wetteiferten, wem die aufregendsten Details und boshaftesten Verleumdungen einfielen, blieb es dem Iren Edward Molyneux (1891–1974) in den 30er Jahren überlassen, einen äußerst schlichten weiblichen Modestil vorzustellen.

Ein schlank geschnittenes schwarzes Cape aus Crêpe de Chine von Molyneux aus dem Jahr 1947. Ideal für einen eleganten Auftritt

Molyneux führte das neue Freiheitsprinzip in der Mode so gekonnt und konsequent weiter, daß er alle Konkurrenten in den Schatten stellte. Ihm waren die schlichten Formen zu verdanken, die zum Inbegriff der Mode in den 30er Jahren wurden. Zu seinen hochkarätigen Kundinnen zählten Prinzessin Marina von Griechenland und Wallis Simpson (er entwarf ihre Aussteuer, nachdem ihre Beziehung zum britischen Kronprinzen eine Staatskrise ausgelöst hatte). Als Paris 1940 besetzt wurde, floh er auf einem Kohleschiff nach England. Nach dem Krieg konnte er in Paris nicht mehr an seine bemerkenswerten Erfolge anknüpfen.

Molyneux bevorzugte Marineblau und Schwarz, unkomplizierten Schick, Kostüme mit Faltenröcken und glatt herabfallende Abendroben mit schlichtesten Details und Farbkombinationen. Darüber hinaus wagte er auch einige ausgefallene Experimente und präsentierte Stickereien von Irisblüten und Flamingos mit Schmuck aus Straußenfedern. Am bekanntesten wurden jedoch

MODE-IKONE
★

Gertrude Lawrence (1858–1952) war der Star der 30er Jahre – auch dank ihres bevorzugten Modeschöpfers Molyneux. Noel Coward schrieb für sie seine Komödie *Private Lives* (1930), und sie begeisterte das Theaterpublikum auch in Stücken wie *Lady in the Dark* (1940) oder *Der König und ich* (1951). Gertrude Lawrence galt als eine der großen Komödienschauspielerinnen ihrer Zeit und ihr einfacher, aber eleganter Stil wurde oft kopiert.

1934 Schiaparelli entwirft ein ›Glaskleid‹. Ein Journalist bemerkt dazu: »Wer im Glaskleid lebt, sollte keine Partys schmeißen«.

1947 Die französische Schauspielerin Martine Carol, später bekannt durch ihre Rolle der *Lola Montes*, begeht einen Selbstmordversuch: Sie springt von der Pariser Alma-Brücke.

1954 L. Ron Hubbard gründet die Sekte ›Scientology‹. Er glaubt, daß nur diejenigen ihre wahre Natur erreichen, die sich durch Beratung von der emotionalen Last der Vergangenheit befreien.

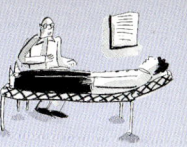

seine raffinierten Anzüge für den Abend.

Auf einer Modenschau 1951: Balmain hält seine Mannequins bei Laune

Der Sohn des Stoffhändlers

Man kann es als eine Art Vermächtnis Molyneux´ an die Modewelt betrachten, daß er einen Designer entdeckte und früh bei sich anstellte, der in vielerlei Hinsicht seinen Platz einnehmen sollte: *Pierre Balmain* (1914–1982). Auch Balmain wollte keine Tabus brechen, und seine Kollektionen wurden wegen ihrer ›Tragbarkeit‹ und zurückhaltenden Eleganz gefeiert. Er erwies sich als guter Geschäftsmann und gründete 1945 sein eigenes Modehaus.

Bald eroberte Balmain den US-Markt und entwarf viele Kollektionen mit Sportmoden. Zu seinen Kundinnen zählten alle großen Namen von Brigitte Bardot bis Marlene Dietrich, die seine Hemdkleider liebte. In den 60er Jahren bestanden seine Abendkleider aus Organza mit Seidenspitzen oder vielen blassen Seidenblüten.

Der ›Look‹

Schlichte Eleganz war das Motto der beiden Modeschöpfer, trotzdem bot die Abendgarderobe immer noch die Möglichkeit zu ausgefallenen, modernen Kreationen. Molyneux ebnete den Weg für das bald unverzichtbare ›kleine Schwarze‹, entwarf diagonal geschnittene Schlauchkleider. Balmain liebte einfache Tageskleider und reich bestickte Abendroben. Leider konnte er der Versuchung nicht widerstehen, die Abendgarderobe mit Nerz sowie Säume mit Leopardenfell und Kragen mit Hermelin zu bestücken.

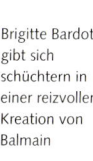

Brigitte Bardot gibt sich schüchtern in einer reizvollen Kreation von Balmain

1904 Bei der Louisiana Purchase Exhibition in den USA gehen die Eiscremebecher aus, und als Ersatz formt ein syrischer Konditor aus seinen Waffeln die ersten Eistüten.

1936 Tampax stellt die ersten Baumwolltampons mit Rückholbändchen vor. In der Werbung werden sie zu Anfang vor allem unverheirateten Mädchen (also Jungfrauen) empfohlen.

1956 Dem amerikanischen Teenager stehen im Durchschnitt jährlich 400 Dollar für Kleidung, Zigaretten, Schallplatten und Kosmetikartikel zur Verfügung.

1900 bis heute

Designer-Parfüm
Der süße Duft des Erfolgs

Schon seit Urzeiten reiben die Menschen ihre Körper mit duftenden Ölen und Salben ein. Die Massenproduktion von Designer-Parfüm ist allerdings eine Erscheinung des 20. Jahrhunderts und hängt – wie alles andere in unserer Zeit – von der richtigen ›Verpackung‹ ab.

Diese surrealistische Werbung für ›Shocking‹ richtete sich an abenteuerlustige Frauen der 30er Jahre

MODISCHE DETAILS

Das legendäre Chanel No. 5 wurde von Ernest Beaux für Chanel kreiert und 1921 in einem Flakon, den der französische Künstler Sem entworfen hatte, auf den Markt gebracht. Es besteht aus 130 Inhaltsstoffen mit einer frischen, blumigen Kopfnote aus der Ylang-Ylangpflanze und Neroliöl, einer Herznote aus Jasmin und Rose und einer Basisnote aus Sandelholz und Vetivergras. Berüchtigt ist Marilyn Monroes Aussage, im Bett nichts außer No. 5 zu tragen. Für No. 5 warben unter anderem Lauren Hutton, Catherine Deneuve, Jean Shrimpton und Carol Bouquet.

Das Parfüm schlechthin

Um 1900 wurde das Geschäft mit den Düften von großen Parfümhäusern wie Yardley und das Haus Coty bestimmt. Doch schon bald erkannten einige Modeschöpfer, daß sie mit Parfüm wunderbar für ihre Kollektionen werben konnten – das Designer-Parfüm entstand. Zu den ersten Designern mit eigenem Duft gehörten Coco Chanel (siehe S. 42 f.) und *Jeanne Lanvin* (1867–1946), bald folgten *Jean Patou* (1880–1936), Edward Molyneux (siehe S. 30), Worth (siehe S. 12 f.) und Schiaparelli (siehe S. 44 f.). Schiaparellis ›Shocking‹ im torsoförmigen Flakon von Leonor Fini und Chanels dezent-klassisches ›Chanel No. 5‹ waren die führenden Düfte. Um 1940 experimentierte man bereits ausgiebig mit orientalischen Duftnoten, es entstanden schwere, exotische Parfüms wie ›Joy‹ von

Patou. Nach dem Krieg brachten Pierre Balmain (siehe S. 31) mit ›Vent Vert‹ und Christian Dior (siehe S. 70 f.) mit ›Miss Dior‹ frischere und leichtere Düfte heraus.

Kultstatus erreichten in den 60er Jahren ›Arpège‹ von Lanvin und ›Calèche‹ von Hermès, während Yves Saint Laurent in den 70ern mit seinem populären (und sehr intensiven) ›Opium‹ den Orient wiederentdeckte. In den 80er Jahren wurden die Kreationen immer ausgefallener, etwa mit dem verdächtig klingenden ›Poison‹, das eine Vorliebe für sehr blumige Düfte einleitete. Jean Paul Gaultier griff die Torsoform von ›Shocking‹ mit einem korsettförmigen rosa Flakon wieder auf und verpackte ein Parfüm für Männer im gestreiften T-Shirt.

Parfüm von Gaultier: ein weiterer Flakon in der beliebten Torsoform

Eine neue Dimension des Marketings erreichte Calvin Kleins ›Obsession‹, das 1985 mit eigenwillig kunstvoller Werbung auf den Markt kam, die höchste Erotik versprach. In der Folge erschienen ›Eternity‹ und ›Escape‹ sowie das ganz und gar dem Zeitgeist entsprechende ›CK One‹ für beide Geschlechter. Inzwischen haben die Kosmetikimperien etwa 1000 Düfte entwickelt, und jedes Jahr kommen 60 neue hinzu: garantiert für jeden Geschmack der passende Duft.

Parfüm für Männer

Konnte der Mann jahrelang nur zwischen ›Old Spice‹ und ›Brut‹ wählen, so gibt es inzwischen auch für ihn eine verwirrende Auswahl an Düften. Denn die Parfümindustrie hat hart dafür gearbeitet, daß es nun durchaus als männlich gilt, gut zu riechen. Die meisten großen Häuser wie Calvin Klein, Jil Sander und Jean Paul Gaultier konzentrieren sich auf klassische Männerdüfte, während neue Kreationen von Hugo Boss und Tommy Hilfiger den jüngeren Markt erobern. Auch die Werbung zielt auf bestimmte Gruppen ab. Für ›Opium pour Homme‹ von Yves Saint Laurent etwa lehnt sich Rupert Everett lässig in einem Morgenrock aus Satin zurück.

Kate Moss posiert auf einer Plakatwand am Sunset Strip für ›Obsession‹

1918 Miss Margaret Owens stellt mit 170 Wörtern in der Minute einen Rekord im Maschineschreiben auf.

1930 Marlene Dietrich spielt in Josef von Sternbergs Film *Der blaue Engel* die verführerische Sängerin Lola.

1965 Die französischen Rockstars Johnny Haliday und Sylvie Vartan heiraten.

1914 bis heute
Blick durch das Objektiv
Modefotografen

Modefotografen machen nicht einfach Fotos von Kleidungsstücken. Sie sind verantwortlich für die Verbreitung neuer Stilrichtungen, sind oft sogar Trendsetter, da sie eng mit den Modeschöpfern zusammenarbeiten – oder, wie Irving Penn (geb. 1917) es formulierte, »sie verkaufen Träume, keine Kleidung«.

Man Ray retuschiert Aufnahmen von einem ›Traum-Cape‹

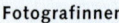

Fotografinnen

Bedeutende Modefotografinnen waren unter anderem die vom Surrealismus beeinflußte **Lee Miller** (1907–1977), die 1945 in Hitlers Bad posierte, **Louise Dahl-Wolfe** (1895–1989), die den Look des gesunden, naturverbundenen Mädchens einführte und als eine der ersten mit natürlichem Licht arbeitete, Genevieve mit ihrer Vorliebe für einen ungewöhnlichen Hintergrund, **Diane Arbus** (1923–1971) mit ihren aufwühlenden Arbeiten sowie Corrine Day, deren Grunge-Realismus zu Kate Moss´ Karriere als hochbezahltes Model beitrug.

Die ersten Modefotografen waren wahre Pioniere, deren Arbeiten nach und nach die Skizzen auf den Seiten von *Vogue* und anderen Modezeitschriften verdrängten. Bereits 1911 machte *Edward Steichen* (1879–1973) Fotografien von Poirets Kollektion, und *Baron Adolphe de Meyer* (1868–1949) war der erste Fotograf, den *Vogue* 1914 unter Vertrag nahm. In den 30er Jahren experimentierten der Surrealist *Man Ray* (1890–1976) und *George Hoyningen-Huene* (1900–1968) mit geometrischen Formen sowie mit Licht und Schatten. *Horst P. Horst* (1906–1999) führte Spotlights ein, um Details der Kleider hervorzuheben, und arbeitete mit variierendem Hintergrund.

Der ›New Look‹ (siehe S. 70 f.) verlangte nach einer neuen, vornehm zurückhaltenden Form der Fotografie. Dementsprechend verlieh *Irving Penn* seinen aristokratisch aussehenden Models eine strenge Würde von beinah bildhauerischer Qualität. *Richard Avedon* (geb. 1923) fügte dem Ganzen mit Weitwinkelobjektiven und ungewöhnlichen Perspektiven eine bissige

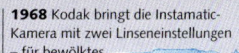

1968 Kodak bringt die Instamatic-Kamera mit zwei Linseneinstellungen – für bewölktes und sonniges Wetter – auf den Markt.

1972 Die Welt ist entsetzt über das Foto eines verzweifelten vietnamesischen Mädchens, das im Vietnamkrieg von Napalm getroffen wurde.

1992 Einige Zeitungen veröffentlichen Fotos von Sarah, der Herzogin von York, und ihrem Finanzberater John Bryan, der an ihrem Zeh lutscht.

Dimension hinzu und zeigte seine Models in ungewohnter Umgebung.

In den 70ern wurden Modefotografen zu Medienstars, allen voran *David Bailey* (geb. 1938), der stets bekannte Models als Freundinnen (und Ehefrauen) hatte. Die aggressive Erotik der Fotos von *Helmut Newton* (geb. 1920) war das perfekte Medium der Mode der 80er Jahre, während *Steven Meisel* (geb. 1954) viel zum Supermodel-Kult beitrug. Gegen Ende des Jahrzehnts wurde mit der Arbeit *Jürgen Tellers* (geb. 1964), beeinflußt von der Straßenmode Grunge, jedoch eine Anti-Mode-Haltung populär. In den späten 90ern kam schließlich ein neuer, als ›Heroin-Schick‹ bezeichneter Stil mit wie versteinert wirkenden Models auf, der wegen seiner Verherrlichung der Drogensucht vielfach kritisiert wurde.

1965 heiraten Catherine Deneuve und David Bailey. Der Film *Blow-Up* nahm Baileys Liebesleben zum Vorbild

MODE-IKONE

Trotz eines zwiespältigen Verhältnisses zur Modefotografie kehrte **Cecil Beaton** (1904–1980) im Verlauf seiner Karriere immer wieder zu ihr zurück. Die Vorgaben der Zeitschriften seiner Zeit schränkten ihn zwar stark ein, er experimentierte aber trotzdem mit Motiven von Salvador Dalí und kokettierte mit Rokokothemen. Während des Zweiten Weltkriegs entstanden gewagtere Aufnahmen von Models in ausgebombten Häusern, um 1955 ging er jedoch bequemere Wege. Bis zu den 60er Jahren langweilte ihn die Mode und erst diese neue Ära inspirierte ihn wieder: Er gab seinen Beinah-Ruhestand auf, um Twiggy und Jean Shrimpton abzulichten.

Zurückhaltende, stilisierte Eleganz war Cecil Beatons Markenzeichen, wie in dieser durchkomponierten Aufnahme von 1948 deutlich wird

35

1922 Das asiatische Spiel ›Mah-jongg‹ wird zur Lieblingsbeschäftigung amerikanischer Frauen, die beim Spielen Kimonos tragen und exotische Tees trinken.

1925 ›Pretty Boy‹ Floyd erbeutet bei dem Überfall auf ein Postamt in St. Louis 350 Dollar – der Beginn einer Karriere, in dessen Verlauf er über 30 Banken in den USA ausraubt.

1928 Ein Mitglied des Ges heitsamts beendet in der 42 Stunde den Tanzmarathon Madison Square Garden, n dem ein Teilnehmer Blut sp kollabiert war und ins Kran haus gebracht werden muß

1920–1930

Ausgelassenheit und neue Silhouetten
Die goldenen Zwanziger

Galt eine Frau vor dem Ersten Weltkrieg noch als Schönheit, so war es gut möglich, daß sie danach als eine Art Monster betrachtet wurde. So erging es Anfang der 20er Jahre vielen Frauen, deren rosige Wangen und üppige Büsten nicht länger dem Schönheitsideal entsprachen. Statt dessen bemühten sich die Frauen nun um eine knabenhafte Figur und intensive Sonnenbräune, die man sich am besten an der Riviera ›zulegte‹ oder in einem der neumodischen Solarien.

Die neue Mode brach mit den strengen Regeln, die wenige Jahre zuvor sogar den Blick auf die Knöchel verboten hatten

Es war die Zeit strahlender junger Mädchen, die rauchten, Cocktails tranken und zu den neuesten Jazzmelodien Charleston tanzten. Die ›neue Frau‹ ging zur Wahl, hatte einen Beruf und fuhr mit dem Automobil: Gegen Ende des Jahrzehnts gab es auf den Straßen der USA 23 Millio-

Die tanzwütige Gesellschaft der 20er in einer Karikatur des *Punch*

nen Autos, und die Beine der jungen Fahrerinnen kleideten hautfarbene Strümpfe aus Kunstseide. Die weibliche Silhouette veränderte sich ebenfalls. Um 1925 wurden Turnüre und Hammelkeulenärmel nur noch von älteren Damen getragen, alle anderen bevorzugten die kurzen, schmal geschnittenen Kleider mit tiefgesetzter Taille, populär geworden durch Coco Chanel (siehe S. 42 f.). Der knabenhafte Schick war geboren. Frauen mit unterschiedlichsten Überzeugungen stöberten in den Kleiderschränken ihrer Männer nach Krawatten, Schals und Pyjamas. Die Männer rächten sich mit voluminösen Oxfordhosen mit 60 cm weiten Beinen, und als Europa eine große Golfbegeisterung

1930 Ethel Merman gibt ihren Sekretärinnenjob auf (35 Dollar pro Woche) – für eine Rolle im Musical *Girl Crazy* für 350 Dollar in der Woche.

1933 James Hilton schreibt seinen Roman *The Lost World* über einen Ort im Himalaya namens Shangri-la. Auch noch nach mehr als 60 Jahren versuchen Forscher, diesen Ort zu finden.

1937 Spinatzüchter errichten in den USA eine Statue von Popeye.

erfaßte, galten weite Knickerbocker und Karopullover als der letzte Schrei.

Mit dem Kleidersaum wurde auch die Toleranzgrenze verschoben. Tennis-As Suzanne Lenglen präsentierte eine radikal neue Silhouette von *Jean Patou* (1880–1936), die mit ihren verkürzten Proportionen die Sportbekleidung für Damen revolutionierte. Knappe Badeanzüge sorgten für beinah nahtlose Bräune (wichtig bei all den rückenfreien Abendkleidern), und man propagierte allgemein einen gesünderen Lebensstil. Die britische Königin Mary, bereits im vorgerückten Alter, soll peinlich berührt den Blick abgewandt haben, als sie mit den spärlich bekleideten Tänzern des Erfolgsmusicals *No, No, Nanette* konfrontiert wurde.

Doch inmitten dieser Ausgelassenheit kam es am 29. Oktober 1929 plötzlich zum großen Börsenkrach in New York, der die Weltwirtschaftskrise einleitete und Selbstmorde, Bankrotterklärungen und 10 Millionen Arbeitslose zur Folge hatte. Die große Seifenblase der goldenen Zwanziger war zerplatzt, doch ohne deren Mode würden die Frauen heute vielleicht immer noch Korsetts tragen.

Modeerscheinungen

Die zwanziger Jahre sorgten für stets neue Modeerscheinungen, wie zum Beispiel Kreuzworträtsel, Jo-Jos, ›Mah-jongg‹ oder Bridge. Kaum auf dem Markt, wurden 1928 eine Million Tüten Kartoffelchips verkauft. Diäten und Gesundheitskuren waren sehr beliebt, denn nur so konnten viele Frauen die gewünschte knabenhafte Figur bekommen und stolz zur Schau stellen.

MODE-IKONE

★

Sie vereinigte graziöse Bewegungen, fließende griechische Gewänder und höchst individuelle Ansichten über alles, vom Ballett bis zur Heirat. Die in San Francisco geborene **Isadora Duncan** (1878–1927) gilt zu Recht als eine der Pionierinnen des Modernen Tanzes. Obwohl sie zu internationalem Ruhm gelangte, gab sie doch immer wieder Anlaß zu kontroversen Diskussionen, und zwar nicht nur wegen ihrer Auffassung vom natürlicheren Tanz mit nackten Beinen und in durchsichtigem Gewand, sondern auch, weil sie eine ›freie‹ Frau bleiben wollte und zwei uneheliche Kinder hatte. Schwere Schicksalsschläge überschatteten ihr Leben: Ihre Kinder ertranken bei einem Autounfall, und sie selbst starb auf tragische Weise, als sich ihr berühmter Fransenschal bei einem Ausflug in den Rädern eines offenen Sportwagens verfing.

Isadora Duncan in einem ihrer charakteristischen klassischen Gewänder

1922 Um eine knabenhafte Silhouette zu bekommen, binden Flapper-Girls ihre Brüste flach.

1943 Howard Hughes entwirft einen trägerlosen Büstenhalter, um Jane Russells Oberweite in dem Film *Geächtet* ideal zur Geltung zu bringen. Sie erklärt, das Modell sei sehr unbequem.

1948 Laut Kinsey Report haben 56 Prozent der Männer in den USA ihre Partnerinnen schon einm betrogen.

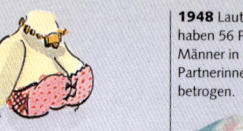

1920 bis heute
Büstenhalter & Co.
Unterwäsche macht Furore

Bubikopf, kurzes Kleid und was darunter?

Nach dem Ersten Weltkrieg wurden die Röcke kürzer und enger, Hüften verschwanden und Brüste sollten flach sein, dennoch wollten die modernen jungen Frauen in der Lage sein, die Nächte durchzutanzen. Also mußte man sich mit der Unterwäsche einiges einfallen lassen.

Endlich gewann der BH an Bedeutung. Allerdings wurden damit die Brüste nicht betont, sondern knabenhaft flachgedrückt. Mit festen Korsetts verschwanden weibliche Formen, und Gummi veränderte langsam die Struktur der Unterwäsche. Das Hemdhöschen erfreute sich eine Zeitlang großer Beliebtheit. Mit Beginn der 30er Jahre wurde die Damenunterwäsche etwas natürlicher, während Kunstfasern wie Rayon (Kunstseide) eine geeignete und billige Alternative zu Seide, Crêpe de Chine und Satin darstellte.

Dann kam eine bequemere Unterwäsche in Mode. Dazu zählten auch neue elastische Korsetts, die oft mit den Strumpfhaltern fest verbunden waren.

Sängerin Dale Bozzi mit einer ganz neue Art des Körbchen-B

Reaktion auf die Vorliebe für rückenfreie Kleider: 1938 kamen trägerlose BHs in Mode

1971 An der französischen Riviera verbietet die Polizei den Frauen, ›oben ohne‹ zu sonnen.

1988 Die Journalistin Anna Quindlen behauptet: »Würden die Männer die Kinder kriegen, gäbe es verläßliche und preiswerte Mittel zur Geburtenkontrolle.«

1996 Die Überlebensrate bei Krebs beträgt inzwischen 40 Prozent; 1920 lag sie noch unter 20 Prozent.

Mit dem ›New Look‹ (siehe S. 70 f.) kam wiederum ein neues kurzes Korsett auf, das über den Hüftgürtel gezogen wurde. Die jungen Frauen der neuen Generation trugen enganliegende Pullover, und dies bedeutete eine Betonung der Oberweite, die im BH mit spitz zulaufenden, auseinanderstehenden Körbchen mitunter gewaltige Ausmaße annahm. Ausladende Petticoats, die an die Korsetts mit trägerlosen Büstenhaltern genäht waren, gehörten zur Grundausstattung, um den bauschigen Effekt der extravaganten Abendgarderobe der 50er zu erreichen.

Allmählich bekam die weibliche Silhouette jedoch eine natürlichere Form, dank der Erfindung von Elastan und Spandex, der revoltierenden Jugend in den 60ern und der Frauenrechtlerinnen, die erklärten, daß BHs Symbole männlicher Unterdrückung darstellten. Als Folge der Minimode entstanden Schlüpfer mit

Stoff hergestellte BH sorgte dafür, daß sich keine Nähte mehr durch enge T-Shirts abdrückten. Als sich die Frauen in den 90er Jahren für ausgefallenere Unterwäsche zu interessieren begannen, kamen verschiedenste Modelle aus Spitzen, Leopardenmuster und mit Federn gesäumtem Satin auf.

Marky Mark wirbt für Designer-Unterwäsche von Calvin Klein

MODISCHE DETAILS

Trotz all der Lippenbekenntnisse für die natürliche weibliche Silhouette scheinen sich doch viele Frauen eine große Oberweite zu wünschen. Dafür spricht zumindest der anhaltende Erfolg des 1969 von Gossard entwickelten ›Wonderbra‹, des weltweit angeblich bestverkauften BHs. Playtex gab ihm in den 90ern eine neue Verpackung und sein Erfolg reißt nicht ab.

auffälligen Mustern und leuchtenden Farben, denn sie waren ja ebenfalls ins Blickfeld gerückt. Der Hüftgürtel verschwand bald ganz und wurde durch Büstenhalter und kurze Hemdhöschen ersetzt. Der aus einem Stück

1909 Ogai Mori verfaßt *Vita Sexualis*, um der Ansicht entgegenzuwirken, Männer hätten keine Kontrolle über ihren Sexualtrieb.

1934 In Österreich verbietet ein neues Gesetz, sich über die kleine Statur von Kanzler Dollfuß lustig zu machen.

1953 In New Yorks Fifth Avenue werden die Doppeldeckerbusse, genannt Queen Mary's, abgeschafft.

1966 Von Nancy Sinatra Single ›These Boots are M for Walking‹ werden fast 4 Millionen Kopien verka von nun an wird sie stets den halbhohen Vinyl-Stie in Verbindung gebracht.

1900 bis heute

Auf großem Fuß

Nicht jeder Schuh eignet sich zum Laufen

Erste Formen von Schuhwerk kannten bereits die Höhlenmenschen, die sich Fellstücke um die Füße wickelten. Zu einem modischen Produkt, das schnell wechselnden Trends unterworfen ist, wurde der Schuh jedoch erst zu Anfang des 20. Jahrhunderts, als kürzere Röcke den Blick auch auf die Füße lenkten.

Abendschuhe aus Brokat und mit Straß besetzt, Paris 1924

MODISCHE DETAILS

Als Inspiration für das dynamische Logo von Nike diente die griechische Göttin Nike. Es wurde 1971 von Caroline Davidson entworfen, einer Grafikstudentin der Portland State University. Man zahlte ihr damals 35 Dollar – für ein bald weltberühmtes Logo, das dem Unternehmen 20 Jahre später einen jährlichen Gewinn von über vier Billionen Dollar einbringen sollte.

Anfang der 20er Jahre begann die Massenproduktion von Schuhen. Sie erlaubte es den Frauen, die jeweils passenden Modelle zu den zahlreichen Kleidern zu kaufen, in die sie im Laufe eines Tages schlüpften. Schnallen und Verzierungen standen hoch im Kurs, ebenso wie verschiedenste Riemen und Borten. In den 30er Jahren bekamen die Schuhe Keilabsätze und wurden klobiger. Als die Frauen in den 50er Jahren den praktischen, aber plumpen Stil der Nachkriegszeit hinter sich lassen wollten, entschieden sie sich für schmal geschnittene Modelle, die mit dem schwindelerregend hohen Stiletto- oder Pfennigabsatz unbestritten ihren Höhepunkt erreichten – und eine Vielzahl von Fußböden ruinierten.

Die beliebten Plateausohlen führten oft zu gebrochenen Knöcheln

In 60ern wurde die Schuhmode frivoler. Der französische Designer *André Courrèges*

(geb. 1923) stellte flache Stiefeletten vor, und gegen Ende des Jahrzehnts führte die Hippiegeneration buntbestickte Schuhe ein. In den frühen 70ern dominierte die Plateausohle – um 1975 trugen sogar die konventionellsten Eltern bedenkenlos 5 cm hohe Absätze. Manche Modelle ließen orthopädische Schuhe vergleichsweise zierlich erscheinen.

Als die Mode der Folgezeit frühere Trends des Jahrhunderts wiederentdeckte, hatte dies auch Einfluß auf die jeweilige Schuhmode. Doch mit der Geburt der Fitneß-Welle Mitte der 80er Jahre sowie der zunehmenden Popularität von Rap und Rhythm 'n' Blues in den USA wurde der Turnschuh zu einem hochmodernen Accessoire. Im Extremfall mußte man diese Turnschuhe oder ›trainers‹ teuer bezahlen, nämlich dann, wenn die Träger wegen der neuesten Modelle sogar überfallen wurden.

In den 90er Jahren waren die italienischen Markennamen Prada und Gucci führend sowie *Manolo Blahnik* (geb. 1943), dessen hohe Absätze ›Manolos‹ genannt werden. Wer ›gesunde‹ Schuhe bevorzugte, entschied sich für die bequemen, aber wahrlich

›Hochhackig‹

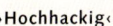

Während die heutigen Damen für den Abend immer noch häufig den Pfennigabsatz wählen, wurde im 16. Jahrhundert der *Chopine*, der bis zu 75 cm hohe Stelzpantoffel, bevorzugt. Chopines wurden von reichen Venezianerinnen getragen, die bei ihren gefährlichen Spaziergängen entlang der Kanäle oft von Dienern gestützt werden mußten. Stelzpantoffeln waren jedoch auch bei Prostituierten beliebt, die ihr Gewerbe in der Nähe der Kanäle betrieben und auf diese Weise vor Ratten und Abwässern geschützt waren.

Klobig, aber ›funky‹: Die Spice Girls machen die Plateausohle wieder populär, mit freundlicher Genehmigung des Herstellers Buffalo

nicht sehr eleganten Birkenstock-Modelle. Heutzutage gibt es allerdings keine Schuhmode mehr, die an ein bestimmtes Alter gebunden ist. Die Wahl der Schuhe hängt sowohl vom persönlichen Geschmack als auch von neuesten Trends ab. Ob Lacklederstiefel mit Reißverschlüssen und Riemchen, leichte Turnschuhe von Prada oder die neuesten Techno-Trainers – alles ist erlaubt (mit Ausnahme von schmerzhaften Blasen an den Füßen).

1921 In Chicago müssen Frauen für das Tragen kurzer Röcke und wegen nackter Arme Bußgeld zahlen.

1929 Edwin Hubble zeigt, daß die Nebelflecken der Milchstraße sich voneinander wegbewegen, was andere zu der Theorie veranlaßt, das Universum dehne sich aus.

1934 Cole Porters *I Get a Kick out of You* erwähnt als erster populärer Song die Einnahme von Drogen – in diesem Fall Kokain.

1920 bis heute

›Mademoiselle‹
Coco Chanel

Coco Chanel im Jahr 1931 in Gedanken versunken

Sie war die vielleicht größte Modeschöpferin des 20. Jahrhunderts, die den Jersey, das traditionelle Material für Herrenunterwäsche, in luxuriöse, sportliche Kleidung verwandelte, als erste Elemente der Herrenbekleidung in der Damenmode einführte und den ersten Duft von Weltruhm kreierte. Doch trotz all dieser Leistungen war Gabrielle ›Coco‹ Chanel (1883–1971) auch eine Nazi-Sympathisantin, deren außergewöhnliches Talent für Design mit einer bekanntermaßen unangenehmen Persönlichkeit gepaart war.

Chanel war als uneheliches Kind in ärmlichen Verhältnissen geboren worden und entwickelte früh ein Talent für phantastische Geschichten. Den Namen ›Coco‹ nahm sie als erfolglose Kaffeehaussängerin an, ehe sie erkannte, daß die Rolle der Kurtisane einträglicher war. Einer ihrer Liebhaber half bei der Finanzierung einer kleinen Boutique, die sie 1913 eröffnete. Hier stellte sie

Audrey Hepburn im ›Kleinen Schwarzen‹ in *Frühstück bei Tiffany*

MODISCHE DETAILS

Typische Elemente des Chanel-Stils sind bordierte Tweed-Kostüme mit geraden Jacken ohne Kragen, das Jersey-Twinset, mehrere Reihen vergoldeter Ketten oder falscher Perlenketten, gesteppte Handtaschen an Goldketten, Sling-Pumps oder zweifarbige Schuhe, Blazer mit Goldknöpfen, ein männlicher der Damenmode angepaßter Stil und natürlich das ›Kleine Schwarze‹.

ihre Jersey-Modelle vor, die trotz einfachster Schnitte Hunderte von Mark kosten konnten. 1916 erklärte die amerikanische *Vogue* Chanels dezent kostspielige Roben zum ›Inbegriff von Eleganz‹, ihr Einfluß war nicht mehr aufzuhalten.

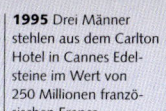

1952 Salvador Dali notiert in seinem Tagebuch: »Zwischen einem Verrückten und mir gibt es nur einen Unterschied – ich bin nicht verrückt.«

1976 Audrey Hepburn dreht mit Sean Connery den Film *Robin und Marian*, ihr erster Film seit neun Jahren.

1995 Drei Männer stehlen aus dem Carlton Hotel in Cannes Edelsteine im Wert von 250 Millionen französischen Francs.

Die Chanel-Silhouette prägte die 20er Jahre. Ihr berühmtes ›Kleines Schwarzes‹ wurde von der *Vogue* als ›Ford der Mode‹ beschrieben, und ihre schlanke, elegante Erscheinung machte sie selbst zur besten Werbung für ihre ausgesprochen modernen Kleider. Durch Chanels radikalen Bruch mit dem vorherrschenden Hang zur Übertreibung erschienen ihre Zeitgenossen schrecklich altmodisch. Von Poiret (siehe S. 24), dem führenden Pariser Couturier, behauptete sie, »seine Exzentrik geht zu Ende«, und erklärte, daß sie seinen Stil und seine Farben »barbarisch« fand. Sie selbst bevorzugte einfache Linien und die Farben Beige und Schwarz.

Ein Jahrzehnt später stellte Elsa Schiaparelli (siehe S. 44 f.) sie jedoch in den Schatten, und so wurden die einst verhaßten langen, romantischen Kleider Teil ihres eigenen Stils. Ihr Modehaus schloß 1939 mit Ausbruch des Krieges und wurde erst 1954 wie-

Coco Chanels Pariser Modesalon blieb von 1939 bis 1954 geschlossen

dereröffnet, als sie 71 Jahre alt war. Zu dieser Zeit stellte ihr hervorragendes Gefühl für Stil – das kastenförmige Kostüm, der Modeschmuck und die berühmten Tweed-Modelle – einen willkommenen Gegenpol zu Diors ›New Look‹ (siehe S. 70 f.) mit wippenden Röcken und geschnürten Taillen dar. In den 60er Jahren galt Chanel längst als Inkarnation bourgeoiser Eleganz, und ihr fragwürdiger Lebensstil war von Biographen verklärt worden.

Nach ihrem Tod wurde das Haus zum Mode-Dinosaurier für reiche, ältere Damen, bis der Stil 1983 durch die Anstellung des bis heute unangefochtenen Karl Lagerfeld (siehe S. 78 f.) belebt wurde. Sein Timing hätte nicht besser sein können. Die Mode der 80er Jahre war besessen von aggressiver Wichtigtuerei, und seine subversive Behandlung des klassischen zweiteiligen Kostüms und der langen Perlen- und Goldketten entsprach genau der Stimmung. Miniröcke aus Jeansstoff sowie Unterwäsche und gesteppte Taschen (mit einem Fach fürs Handy) mit Chanel-Logo waren stets große Erfolge.

Heikle Kontakte

Laut eines britischen Geheimdienst-Archivs wurde Chanel bereits 1943 der Spionage für Deutschland beschuldigt, als sie sich an einer Kampagne beteiligte, um auf Sir Winston Churchill (Freund ihres früheren Geliebten, des Herzogs von Westminster) Einfluß zu nehmen. Für ein Treffen mit hohen Nazi-Funktionären reiste Chanel im April 1944 nach Berlin. Nach der Befreiung von Paris wurde sie von Alliierten verhaftet und erklärte die Tatsache, daß sie die Geliebte eines Nazi-Offiziers gewesen war, mit den Worten: »Wenn ein Mann mit mir schlafen will, lasse ich mir in meinem Alter [sie war 62] nicht seinen Paß zeigen.« Sie wurde bald freigelassen, vielleicht, damit sie keine belastenden Aussagen über ihre hochgeborenen britischen Freunde machen konnte, die mit den Nazis sympathisiert hatten.

1922 In Denver wird ein Polizeiauto mit dem Namen ›bandit chaser‹ (Banditenjäger) eingeführt, es hat einen Cadillac-Motor.

1929 Cocteau verfaßt *Les enfants terribles*, die Geschichte eines klaustrophobischen Geschwisterpaars, das in einem einzigen Raum zusammenlebt.

1930 Der amerikanische Astronom Clyde William Tombaugh entdeckt den Pluto, den neunten Planeten des Sonnensystems. Seine Größe beträgt etwa zwei Drittel unseres Mondes.

1922–1939
Soll das ein Scherz sein?
Elsa Schiaparelli

Surreale Mode

Man stelle sich einen Hut wie ein Lammkotelett vor, eine Halskette aus Aspirintabletten oder ein Abendkleid mit täuschend echten Tränenmotiven. All das entwarf die individualistische italienische Modeschöpferin Elsa Schiaparelli (1890–1973). Ihre Verbindung zu den Surrealisten brachte einige der witzigsten Kreationen in der Mode hervor und machte eine radikale Verschmelzung von Kunst und Mode populär, die in den 30ern ebenso wirkungsvoll war wie der Punk und Vivienne Westwood in den späten 70ern.

Madame Schiaparelli: Surrealistin mit Geschäftssinn

Schiaparelli kam 1922 nach Paris, wo sie als verarmte Aristokratin die Fremdenführerin reicher Amerikanerinnen spielte. Als sie eines Tages eine Gruppe in das Modehaus von Poiret (siehe S. 24) führte, probierte sie kurzerhand einen prächtigen Abendmantel an. Poiret schenkte ihr das kostbare Stück und ermutigte sie, selbst Kleider zu entwerfen. In vieler Hinsicht machte ›La Schiap‹ (wie sie liebevoll genannt wurde) da weiter, wo Poiret aufgehört hatte: Sie besaß die gleiche Liebe zu leuchtenden Farben und prachtvollen Stoffen, paarte sie mit femininer Ornamentik und reichlich Phantasie, beflügelt durch ihre Liebe zum Theater und zur Exotik – und durch ihren Sinn für schrägen Humor. Die wichtigste Kreation ihrer frühen Karriere war das breitschultrige Kostüm von 1931, das vielfach kopiert wurde, nachdem diverse Hollywoodschönheiten (siehe S. 54 f.) diese Form für

Marlene Dietrich in ihrem breitschultrigen Schiaparelli-Kostüm

44

1931 Alka-Seltzer, das bewährte Mittel gegen einen Kater, wird vorgestellt.

1934 Dorothy Parker witzelt: »Der Sinn von Damenunterwäsche liegt in ihrer Kürze.«

1939 Clark Gable heiratet Carole Lombard, Tyrone Power eine französische Schauspielerin namens Annabella, die er erst seit einigen Monaten kennt.

sich entdeckt hatten. Für die gehobene bürgerliche Schicht schuf sie unzählige strenge Kostüme (führte dabei das Schulterpolster ein) und das ›Kleine Schwarze‹. Am bekanntesten wurde jedoch ihre kreative Verbindung zur surrealistischen Künstlerbewegung, vor allem zu *Jean Cocteau* (1889–1963) und *Salvador Dalí* (1904–1989). In Zusammenarbeit mit Cocteau entstand eine Jacke mit aufgestickten Händen, die den Körper der Trägerin umfassen, mit Dalí das berühmte aufgedruckte Tränenmotiv und eine Anzahl witziger und ›unverschämter‹ Hüte, gekrönt vom ultimativen surrealistischen Modell – einem umgedrehten Schuh. Die reiche Gesellschaft liebte ihre Einfälle. Auch die ausgefallensten Kreationen wurden von großen Modevorbildern

Eifersüchtig?

Coco Chanel, die sich über den Erfolg ihrer Rivalin ärgerte und über deren Kontakte zur höheren Gesellschaft, die ihr mitunter verwehrt blieben, nannte Schiaparelli nur geringschätzig »diese italienische Künstlerin, die Kleider macht«. Auch der Couturier Mainbocher beschwerte sich bitterlich über die große Aufmerksamkeit, die man Schiaparellis Kleidern in der französischen *Vogue* schenkte.

geschätzt, wie etwa der Herzogin von Windsor (siehe S. 57), die das berühmte Abendkleid mit riesigem Hummer und Petersilie trug. Im Grunde war Schiaparelli jedoch so erfolgreich, weil ihre Kühnheit von einem beachtlichen Geschäftssinn gezügelt wurde. Cocteau nannte sie die Schneiderin der Exzentrik: »Sie weiß, wie man zu weit geht.« Bei Ausbruch des Zweiten Weltkriegs floh sie in die USA, erlangte ihre Bedeutung nach dem Krieg jedoch nicht wieder.

MODISCHE DETAILS

Wer den Stil Schiaparellis imitieren möchte, wählt eine einfache Silhouette und fügt eigene Verzierungen hinzu: zum Beispiel eng geschnittene Kostüme mit Schulterpolstern und Trompe-l'œil-Effekten, wie ihr schwarzer Pullover mit eingestrickter weißer Schleife; Vorhängeschlösser, Insekten, Lippen, Akrobaten, Soldaten oder Sternzeichen als Teile von Kostümen oder Modeschmuck; Schals mit Zeitungsartikeln; hervorstehende Reißverschlüsse und ausgefallene Knöpfe in Erdnuß- oder Hummelform, Tirolerhüte. Typisch sind außerdem ihr Parfüm ›Shocking‹ im torsoförmigen Flakon von Leonor Fini und der von ihr benannte Farbton ›shocking pink‹.

Der berühmte Lobster-Dress der Herzogin von Windsor – mit Petersilien-Garnierung

1906 Der Kinematograph, der erste Apparat, mit dem man bewegte Bilder aufnehmen und wiedergeben konnte, wird vorgestellt. Innerhalb von drei Jahren existieren in den USA 10 000 Stück.

1926 Der Glockenhut (frz. cloche) ist in Mode. Er wird bis zu einem Auge heruntergezogen: »Die Stirn zu zeigen, hätte einen Skandal ausgelöst. Der Schick fängt ab den Augenbrauen an.«

1933 In den USA kostet ein Stetson, eine Art Cowboyhut, 5 Dollar und ein Gasofen 23,95 Dollar.

1900 bis heute
Hutmoden
Von der Pillbox zur Baseball-Kappe

Werbung für modische Turbane aus dem Jahr 1946

Traf man zu Beginn des 20. Jahrhunderts eine Frau ohne Hut an, war sie hundertprozentig keine Dame. Um ganz sicher zu gehen, wurden deshalb Hüte nicht nur im Freien, sondern auch in Innenräumen getragen. Von einigen Ausnahmen abgesehen (Prinzessin Dianas Vorliebe für kleine Dreispitze führte zum Sturm auf die Hutgeschäfte) trägt man Hüte inzwischen nur noch zu besonderen Gelegenheiten und gegen die Kälte.

Zu Anfang des Jahrhunderts jagte eine Hutmode die andere, von breitkrempigen Modellen bis hin zu raffiniert gewickelten Turbanen. Ob Blüten, ausgestopfte Vögel, Körbe mit Früchten – vor dem Ersten Weltkrieg eignete sich fast alles als Hutschmuck. Während des Kriegs entwickelte sich eine hohe, schmale Form. 1917 wurde der Glokkenhut (frz. cloche) eingeführt, der die 20er Jahre dominieren sollte, obwohl auch breite, weiche Krempen beliebt waren sowie Toques, Baretts und Strohhüte. In den 30er Jahren wurde die Hutmode vom Surrealismus beeinflußt, was zum Teil dem Einfallsreichtum Elsa Schiapa-

rellis (siehe S. 44 f.) zu verdanken war. Phantasievoll mußten sie sein, die Turbane, Dreispitze und Coup-de-vent (Windstoß)-Hüte – manche Modelle hatten sogar die Form umgedrehter Schuhe.

Im Zweiten Weltkrieg stand die Nützlichkeit im Vordergrund und brachte die Kreativität zum Erliegen – sogar in den USA, wo die Hüte immer kleiner wurden. Mit dem ›New Look‹ entstanden 1947 jedoch modifizierte Kulihüte, und auch Strohhüte und Baretts tauchten wieder auf. Zu den neuen Materialien zählten Filz, Stroh, Taft und Flanell, als Schmuck dienten

Von Irving Penn 1950 für *Vogue* aufgenommen: das sogenannte Wagenrad

1939 Eugen Weidmann ist der letzte Mensch, der in Frankreich öffentlich hingerichtet wird.

1964 In dem Film *Mary Poppins* tragen Julie Andrews und Dick Van Dyke bezaubernde Strohhüte.

1988 David Shilling ist für seine außergewöhnlichen Hüte berühmt. Jedes Jahr muß seine Mutter in Ascot noch ausgefallenere Exemplare tragen als im letzten Jahr.

Große Modisten

Jean Barthet (geb. 1930) – entwirft für Montana, Sonia Rykiel und Ungaro; zu seinen Markenzeichen gehören stark gegliederte Kreationen und Filzhüte. **Lilly Daché** (1904–1989) – am bekanntesten sind ihre drapierten Turbane, Haarnetze und Glockenhüte. **Stephen Jones** (geb. 1957) – arbeitete für Gaultier, Hamnet und Westwood; sein Markenzeichen sind ausgefallene, geradezu bildhauerische Schöpfungen, getragen von Madonna und Boy George. **Philip Treacy** (geb. 1967) – arbeitet mit Karl Lagerfeld und John Galliano; außergewöhnliche, spektakuläre Hüte, oft mit Federn und sehr plastischen Formen.

leuchtend gefärbte Federn.

Die großen Tellerhüte der 50er Jahre kennt man von zahlreichen Fotografien. Ihre Ränder wurden immer breiter, bis Jackie Kennedy die Hutmode auf den Kopf stellte und die kleinen Pillbox-Hüte einführte. Nostalgische Kreationen mit Schleiern und Streifen waren ebenfalls populär.

Die Notwendigkeit der Kopfbedeckung nahm jedoch mehr und mehr ab und beschränkte sich bald nur noch auf formelle Anlässe. Die 60er Jahre brachten die Massenproduktion einer salopperen Mode – der Glockenhut wurde wiederentdeckt. Doch obwohl der gefeierte Kinohit *Vier Hochzeiten und ein Todesfall* (1994) viel dazu beitrug, zu Hochzeiten wieder Hüte zu tragen, und Popstars in den 90ern in Baseball- und Kangol-Kappen auftraten, ist die Zeit der Hüte inzwischen wohl endgültig vorbei.

Andie McDowells schwarzer Strohhut von Herald & Heart in Vier Hochzeiten und ein Todesfall

Julia Roberts raffiniert verkleidet als Che Guevara in dem Film *Notting Hill* von 1999

MODE-IKONE ★

Hutenthusiasten und wahre Trendsetter waren unter anderem Jackie Kennedy mit ihren kleinen Pillbox-Hüten, Prinzessin Diana mit ihren Dreispitzen mit Federschmuck, die Queen Mum mit ihrer reichhaltigen Hutsammlung, Boy George mit seinen Bar-Mizwa-Hüten, Jay Kay von Jamiroquai in seinem höchst übertriebenen Modell und der britische Bankier und sein Bowler; Audrey Hepburn in Cecil Beatons extravaganter Hommage an die Jahrhundertwende in dem Film *My Fair Lady*, Sean Connery als James Bond im typischen Trilby der 60er sowie Peter Sellers und seine Jagdmütze.

1930 Jack & Charlie's 21 Club wird in New York eröffnet. Bei Polizeikontrollen drücken sie einfach einen Knopf und der verbotene Alkohol gleitet von den Regalen über eine Rutsche in den Keller.

1933 Richard Hollingshead aus New Jersey, USA, läßt sich eine Autorampe patentieren und eröffnet das erste Autokino.

1941 Der Grand Coulee Dam am Mississippi ist das weltweit größte Wasserkraftwerk.

1927–1960
›Synthetics‹
Nylonhemden und Plissee-Röcke

Nachdem man jahrhundertelang auf Wolle, Seide und Baumwolle vertraut hatte, richtete die schöne neue Welt des 20. Jahrhunderts ihre Aufmerksamkeit nun auf Kunstfasern. Für die Bedürfnisse der Massen benötigte man hervorragende Qualität, schnelltrocknend, formbeständig und vor allem billig – bald schon waren die neuen Materialien entwickelt.

Warm eingehüllt in einen rosa Orlon-Mantel von Du Pont aus dem Jahr 1954

Synthetischer Scharfsinn

Zwei bedeutende Kunstfaserhersteller, das britische Unternehmen Courtaulds und die amerikanische Gesellschaft Du Pont, haben in diesem Jahrhundert wesentlich zur Entwicklung von Chemiefasern beigetragen. Courtaulds kaufte in Großbritannien und den USA den Viskose produzierenden Markt auf und stellte künstliche Seide (Rayon), später sogar die erste britische Acrylfaser, Courtelle, her. Du Pont begann als Schießpulverfabrik, ehe man zur Herstellung von Synthetics überging und zuerst Cellophan, dann Rayon und später Nylon und Corfam, den ersten Lederersatz, produzierte.

Die sogenannten Synthetics, basierend auf Kohle- und Erdölprodukten, waren ein großer Erfolg, und entsprechend groß war in den 50er Jahren auch die Begeisterung für alle künstlichen Erzeugnisse. Die neuen Chemiefasern wie Rayon, Nylon und Acryl waren waschbar, pflegeleicht und dazu billig, also ideal für neue Modetrends (selbst wenn sich einem dabei immer die Haare aufstellten).

Bald schon wurde Nylon nicht nur für Strümpfe verwendet,

sondern auch für feine Damenunterwäsche. Polyester war die erste vollsynthetische Faser, die 1941 aus Benzin hergestellt und in den Folgejahren weiterentwickelt wurde. Die Bekleidungsindustrie

Leuchtend grünes Courtelle: ein Pullover von Mary Quant

1947 Beim ersten Edinburgh Festival erscheinen viele Gruppen ohne Einladung und treten u.a. in Kirchen auf – das unabhängige Festival ist geboren.

1953 Im US-Staat Ohio werden Frauen erstmals mit tiefgekühltem Sperma befruchtet.

1956 Der Schweizer Georges de Mertral erfindet den Klettverschluß. Der Produktname ›Velcro‹ ist von den französischen Wörtern *velours* (Samt) und *crochet* (Haken) abgeleitet.

In einem Nylon-Twinset und einem Plissee-Rock aus Terylene war man in den 50ern stets richtig gekleidet

behoben werden können: Acryl wärmte nicht so gut wie Wolle und dehnte sich mitunter aus, andere Fasern führten zu elektrostatischen Entladungen oder ließen die Haut nicht atmen. Erst in den 80er Jahren gaben verbesserte Fasern wie Lycra und Tencel den ›Synthetics‹ wieder Auftrieb.

machte sie sich sofort zu Nutze und rühmte das pflegeleichte Material. Terylene verwendete man für Plissee-Röcke, die stets in Form blieben, während Acryl das Material nahezu unverwüstlicher Pullover geworden ist. Zu den einfallsreichen Varianten dieser Chemiefasern zählten Crimplene (vielfach für Hosen verwendet), Dacron, Acrilan, Courtelle (das sich weder dehnte noch einging), Orlon (ein Wollersatz) und Dralon.

Doch der Vorstellung vom Fortschritt als Antwort auf all unsere Probleme machten die beginnenden ökologischen Bewegungen ein Ende. Sie wiesen auf den unverantwortlichen Schaden hin, der unserem Planeten zugefügt wurde – und synthetische Fasern waren in dieser Hinsicht ein frühes Vergehen gewesen. Auch gewisse andere Mängel hatten nie richtig

MODISCHE DETAILS

Nylon und Polyester waren in den 50er Jahren hochbegehrte Materialien. Nylon wurde bereits 1935 von Wallace H. Carothers für Du Pont entwickelt und war sofort ein großer Erfolg. Wallace war es gelungen, eine Faser aus langkettigen Polymeren herzustellen. Die Entdeckung, daß Kleidungsstücke aus Nylon die Haut nicht atmen ließen und im Sommer zu Schweißausbrüchen führten, bedeutete jedoch einen Rückschlag. Erst später wurde Polyester entwickelt, und zwar von J.F. Winfield und J.T. Dickson von der Calico Printers Association. Sie hatten eine Faser aus Ethylenglykol und Terephthalsäure geschaffen. Polyester wurde zu einer häufig verwendeten Chemiefaser der Bekleidungsindustrie, denn es ist pflegeleicht, angenehm zu tragen und trocknet schnell.

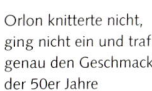

Orlon knitterte nicht, ging nicht ein und traf genau den Geschmack der 50er Jahre

49

1934 Auto-Designer Ferdinand Porsche entwirft für Volkswagen den Käfer.

1939 Francos Nationalisten gewinnen den Spanischen Bürgerkrieg, in dem eine halbe Million Spanier starben – über die Hälfte durch Exekution.

1944 Ginger Rogers' mit Nerz und Pailletten besetztes Kostüm aus dem Film Die Abenteurerin stammt von Edith Head und kostet 35 000 Dollar.

1930–1968

Der Picasso der Haute Couture
Balenciaga

Cristobal Balenciaga (1895–1972) ist ganz ohne Zweifel der bekannteste spanische Modeschöpfer des 20. Jahrhunderts. Von Cecil Beaton (siehe S. 35) »Picasso der Haute Couture« getauft, war er doch auch ein vollendeter Techniker, dessen Kleider von den Leinwandgöttinnen Ava Gardner und Ingrid Bergman getragen wurden sowie von der belgischen Königin Fabiola.

Ava Gardners beeindruckende Figur wurde oft durch Balenciagas exquisiten Schnitt betont.

Bei dieser schmal geschnittenen Silhouette von 1955 konnte man nur kleine Schritte machen

Nach einer Schneiderlehre betrieb Balenciaga Schneidersalons in San Sebastian und Madrid. Sein Modehaus in Paris eröffnete er 1937 und schloß es erst nach 31 Jahren, als er sich 1968 zur Ruhe setzte. Balenciaga war so sehr um seine Privatsphäre besorgt, daß er es seiner Umgebung überließ, sich in Lobeshymnen über seine Mode zu ergehen. Selbst seine alte Widersacherin Coco Chanel (nie um bissige Kommentare verlegen) bewunderte ihn zähneknirschend und behauptete: »Nur er versteht das Material zuzuschneiden, zu drapieren und von Hand zu nähen. Die anderen sind einfach nur Modeschöpfer.« Mit anderen Worten, er war in jeder Hinsicht ein Meister seines Fachs.

Diese Meisterschaft der Schneiderkunst sowie sein beinahe zwanghaftes Bedürfnis, jeden Arbeitsschritt zu überwachen, machten Balenciaga zu einer Ikone der Mode-

MODISCHE DETAILS

Ebenso wie Balenciaga zog auch die französische Modeschöpferin **Madeleine Vionnet** (1876–1975) einen perfekten Schnitt überflüssigen Ornamenten vor. Sie entwickelte den Schrägschnitt, bei dem man den Stoff schräg zum Fadenlauf zuschneidet, und verhalf der Mode so zu einer neuen Linie, da sich der Stoff den Körperformen besser anpaßte. Viele heutige Designs zeigen ihren Einfluß.

1947 Der Matador Manuel Rodriguez (Manolete) wird bei einem Stierkampf in Linares von den Hörnern des Stiers tödlich verletzt.

1955 Der gebürtige Spanier Severo Ochoa stellt in einem Labor Ribonukleinsäure synthetisch her und beschleunigt somit auch die Genforschung.

1968 In diesem Jahr lautet die Devise beim Make-up: blasse Haut, baby-rosa Rouge, dunkelrote Lippen und verrauchte Augen. Neu ist außerdem der Pagenkopf.

welt. In jede Produktionsphase war er involviert – vom Entwerfen über das Auswählen, Zuschneiden und Nähen der Stoffe bis zum Bestimmen passender Accessoires und der Ausbildung der Mannequins. Ihm ist die Verbesserung von Schnitt-Techniken aus dem 19. Jahrhundert zu verdanken, und er war auch stets zu Experimenten bereit. Mit seinem Mantel mit durchgehendem Saum von 1961 (siehe S. 69) setzte er neue Maßstäbe.

Kein Grund zur Eile

Balenciaga präsentierte nicht jede Saison neue, außergewöhnliche Kreationen, sondern zog es vor, seine Ideen über einen längeren Zeitraum zu entwickeln und gewählte Formen zu perfektionieren. Doch für jemanden, der immer wieder als strenger Klassizist bezeichnet wurde, gelangen ihm viele richtungsweisende Neuerungen. Bereits 1939 arbeitete er an der eng eingeschnürten Taille und figurbetonten Jacke, die Diors New Look vorwegnahmen. Seine Mannequins gehörten zu den ersten, die Strumpfhosen trugen, und er entwarf das Sackkleid, das für die eng geschnürten Frauen von 1956 eine wahre Befreiung gewesen sein muß.

Fath & Givenchy

Ein weiterer Klassizist der Haute Couture war **Jacques Fath** (1912–1954), berühmt für große Kragen und figurbetonte Silhouetten. Wie Balenciaga nahm auch er Elemente des ›New Look‹ vorweg.

Givenchy (geb. 1927) arbeitete für Fath, gilt jedoch mit seiner schlichten, von Audrey Hepburn sehr geschätzten Eleganz eher als Nachfolger Balenciagas. Am bekanntesten sind sein aufgestellter Kragen und die volantbesetzten Ärmel.

Eine Aufnahme von Cecil Beaton (1951)

Getragen von über 1300 Stewardessen: Balenciagas Outfit für Air France von 1966

Standen bei seinen Tageskleidern oft die Tragbarkeit und die Bequemlichkeit im Vordergrund, so konnte seine Abendgarderobe beinahe lächerlich unpraktisch sein. Ob Turnüren, Boas, Ballonkleider, schwere Spitzenapplikationen, Federn oder Blumen – die Trägerinnen sahen märchenhaft aus, doch hinsetzen konnten sie sich in seinen außergewöhnlichen Kreationen kaum.

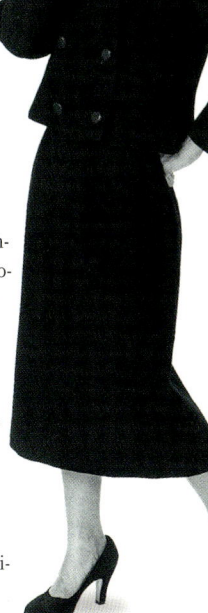

1905 In Südafrika wird der Cullinan-Diamant gefunden; mit 3106 Karat ist er der größte Diamant der Welt.

1914 Der amerikanische Karikaturist John Gruelle zeichnet einer Stoffpuppe Gesichtszüge und seine Frau Myrtle stickt die Worte ›Ich liebe Dich‹ auf einen Herzflicken ihres Kleidchens: Die Raggedy Ann-Puppe ist geboren.

1957 Zsa-Zsa Gabor erklärt: »Ich habe noch keinen Mann so sehr gehaßt, daß ich ihm seine Diamanten zurückgegeben hätte.«

Kenneth Lane

Obwohl **Kenneth Lane** (geb. 1932) kein technisches Know-how besaß (er hatte ursprünglich Schuhe für Dior und Roger Vivier entworfen), sollte er einer der phantasiereichsten und innovativsten Modeschmuck-Designer werden. Zu seinen Kreationen zählten mit Pailletten besetzte Ohrringe aus Baumwolle, Straß-Broschen in Tierform, Ringe mit Perlen von der Größe eines Golfballs und emaillierte Muscheln. Oft ließ er sich von historischen Quellen zu seinen Motiven anregen, und er verlieh dem Modeschmuck eine höchst dramatische Qualität.

Ein über und über mit Kunststeinen besetzter Flamingo von Kenneth Lane

1900 bis heute

Modeschmuck
Viel Straß und wenig Gold

Modeschmuck hat sich vom simplen Ersatz für echten Schmuck zu einem eigenständigen Accessoire entwickelt. Denn was die hohen Kosten vorher nur sehr begrenzt zugelassen hatten, die künstlichen Steine machten es nun möglich: ausgefallenes, ja sogar humorvolles Design.

P*aul Poiret* (1879–1944) experimentierte als einer der ersten Couturiers mit Modeschmuck. Er gab bei *Paul Iribe* (1883–1935) seinen inzwischen berühmt gewordenen quastenförmigen Schmuck in Auftrag, der bald mit Bernsteinherzen, pflanzlich gefärbten Perlen und Stein-Buddhas verziert wurde.

Coco Chanel machte den Modeschmuck ›gesellschaftsfähig‹, indem sie echten und falschen Schmuck unbekümmert miteinander kombinierte. »Es ist ganz egal, ob er echt ist, solange er nur gut aussieht«, war ihr Kommentar, als

Riesige Ohrringe: In den 60ern konnte der Modeschmuck nicht groß genug sein

sie russischen Schmuck, Kreuze und vergoldete Ketten zusammenstellte. Auch ihre Erzrivalin Schiaparelli schuf zusammen mit befreundeten Künstlern eine Kollektion surrealistischer Schmuckstücke, zu denen Ohrringe in Telefonform von Salvador Dalí und augenförmige lackierte Kreationen von Jean Cocteau gehörten. Sie verwendete unterschiedlichste Materialien wie Federn, Dauerlutscher, Palmfasern, Briefbeschwerer und Radiergummis.

1969 Zandra Rhodes stellt ihre erste Kollektion vor und behauptet, vom »guten Geschmack gelangweilt« zu sein: Zu den Motiven auf ihren Stoffen gehören Lippenstifte, Teddybären und Hände.

1980 Bei einem Goldrausch im brasilianischen Regenwald am Amazonas wird Gold im Wert von 450 Millionen Dollar gefunden.

1996 Carol McFadden aus dem US-Staat Pennsylvania hat 24 167 verschiedene Paare Ohrringe gesammelt.

Schillernder Modeschmuck gehörte auch zu Diors New Look (siehe S. 70 f.), der großenteils von Madame Grupoix entworfen wurde. Lange Ohrringe, mit Straß besetzte Spangen, schwere Armbänder und große Ohrclips waren in den frühen 50ern sehr beliebt. Auch der Humor kam nicht zu kurz: Die Juweliere Asprey führten waschbare Plastiktrauben in Broschenform ein – ein beliebter Modeschmuck von 1949.

In den frühen 60ern behängte man sich gern mit einer Vielzahl von Perlenketten, denen wiederum der Modeschmuck der Opart folgte. Monty Don versuchte sich an straßbesetzten Broschen und großen, tropfenförmigen Kunststeinen mit Schleifen, während *Christian Lacroix* (geb. 1951) barocken Modeschmuck produzierte –

Nicht alles, was glänzt, ist Gold – die Diamanten sind leider auch nicht echt

Sinnbild des extravaganten Designs der 80er. In den späten 90er Jahren kehrte man zu einem filigraneren Stil zurück, wie den zarten Herz- und Tropfenformen der Designerin *Elsa Perretti* (geb. 1940). Ihren Designs begegnet man seit langem bei Tiffany, dem berühmtesten aller Juweliere, wenn auch nicht in den obersten Preisklassen. *Paloma Picasso* (geb. 1949) entwirft seit 1980 ebenfalls für Tiffany. Sie verwendet sowohl zeitgenössische Motive aus der Graffiti-Kunst als auch ihre berühmten ›Kiss Crosses‹.

MODISCHE DETAILS

Mitte der 60er Jahre besaß der Modeschmuck geometrische Formen, die bevorzugten Farben waren Schwarz und Weiß, und Plexiglas sowie gefärbtes Holz ersetzten traditionelle Materialien. Barbara Hulanicki ließ hingegen den Stil der 30er Jahre wiederaufleben: Perlenketten, Broschen mit Plastikblumen, Ohrringe im Stil des Art déco.

Wer soviel exotischen Modeschmuck von Zanzara trägt, braucht sich über das Kleid keine Sorgen zu machen

1900 Mit großer Begeisterung tanzt man jetzt den ›Cakewalk‹, bei dem die Tanzpartner die Beine hoch in die Luft werfen.

1912 In ihrem neuesten Film mimt Sarah Bernhardt die englische Königin Elizabeth I. Der Film spielt die nie zuvor erreichte Summe von 80 000 Dollar ein.

1926 Produzent Hal Roach macht zwei Schauspieler miteinander bekannt, die er neu unter Vertrag genommen hat, und schlägt ihnen eine Zusammenarbeit vor: Stan Laurel und Oliver Hardy.

1898–1950

Geliebter Glamour
Ein Hurra auf Hollywood

Hollywoods erfolgreichste Kostümbildnerin Edith Head am Zeichenbrett

Mode für den Film

Während der ›großen Zeit des Kinos‹ warf vor allem Hollywood seinen maßgeschneiderten Schatten auf das modehungrige Publikum. Nicht die neueste Mode der Couturiers aus Paris, nicht die Creationen einer Chanel oder Schiaparelli, sondern Leinwandgöttinnen wie die Garbo, die Dietrich, die Crawford oder die Davis ließen die Frauen in den 30er und 40er Jahren zum Friseur, in den Schönheitssalon oder an die Nähmaschine eilen.

In den frühen Tagen des Kinos gab es keine Kostümbildner, und darum bekam eine Schauspielerin mit gut gefülltem Kleiderschrank häufiger eine Rolle. Kostümbildner holte man eher notgedrungen zum Film, denn da beliebte Stars 14 Stunden am Tag arbeiteten, hatten sie keine Zeit mehr für Schaufensterbummel. Mit der zunehmenden Beliebtheit des Kinos wuchs auch der Einfluß der führenden Schauspielerinnen in puncto Mode. Doch nicht alles war so, wie es nachher auf der Leinwand aussah. Der

Kostümbildnerin der großen Stars

In ihrer Karriere von über 50 Jahren wirkte die Kostümbildnerin **Edith Head** bei mehr als 1000 Filmen mit – darunter Publikumserfolge wie *Vertigo, Alles über Eva, Sunset Boulevard* und *Airport 77*. Sie begann als Zeichnerin bei Paramount, ehe sie zur führenden Designerin des Studios wurde und später zu Universal wechselte. Für *Der Mann, der König sein wollte* kleidete sie 40 000 Statisten ein, entwarf für *The Lady Eve* ein Halsband für eine Schlange, und ihre Modelle wurden sogar von hungrigen Elefanten aufgefressen, als sie mit Regisseur Cecil B. DeMille zusammenarbeitete. In den 40ern leitete sie einen Spanien-Trend ein, und die ganze Welt trug Sarongs, nachdem Dorothy Lamour es in der Serie ›On the Road to‹ in einem Modell von Head vorgemacht hatte. Edith Head gewann acht Oscars und entwarf für fast alle Hollywood-Größen, einschließlich Bette Davis, Liz Taylor, Mae West und die Dietrich.

Das Imperium schlägt zurück

Gaben die mächtigen Studios in Hollywood auch lange den Ton an, sollte die Pariser Mode doch noch süße Rache nehmen, als Dior 1947 seinen ›New Look‹ lancierte. Da die meisten Hollywood-Filme ein Jahr im voraus produziert wurden, bekam das Publikum seine Idole nämlich erst 1948 mit den hochmodernen weiten Röcken und engen Taillen zu sehen.

Schwarzweißfilm veränderte die Wirkung der Farben so sehr, daß Kostümbildner für ein realistisch wirkendes Schwarz Karminrot verwenden mußten, was Beerdigungsszenen wohl zusätzlich eine unheimliche Wirkung verliehen haben dürfte.

Die Dreharbeiten bereiteten den Kostüm-Designern aber noch ganz andere Probleme. Wegen der primitiven Aufnahmetechnik mußten die Kostüme ›leise‹ sein (kein raschelnder Taft!), und keinesfalls durften Perlen oder Armreifen während der Aufnahmen klappern. Später kritisierte man Technicolor für die viel zu grellen Farben, und Regisseure wie Hitchcock verloren die Beherrschung, wenn ein Kostüm in auffallender Farbe die Aufmerksamkeit vom Schauspieler ablenkte. Als Joan Crawford 1932 in dem Klassiker *Letty Lynton* mit wattierten Schultern auftrat, verkaufte das Kaufhaus Macy´s in New York trotz Bedenken innerhalb von einem Jahr 500 000 Kopien des Kleids. Viele Frauen schminkten sich den berühmten ›Crawford-Mund‹ oder

verließen die Friseurgeschäfte mit dem blonden Bob à la Jean Harlow. Historische Kostüme wurden mehr und mehr von der zeitgenössischen Mode beeinflußt: Verlangte eine Leinwandgöttin als Elizabeth I. eine Dauerwelle und das Make-up der 40er Jahre sowie lackierte Fingernägel und ein Abendkleid mit tiefem Dekolleté, bekam sie ihren Willen. Filmidole setzten Trends, und das Publikum kopierte sie.

Jean Harlow trug eine Perücke, um eine durch Wasserstoffsuperoxyd verbrannte Stelle zu verdecken

MODE-IKONE

Die knabenhaft schlanke **Audrey Hepburn** (1929–1993) war immer wieder ein bewundertes Modevorbild und machte einen Stil populär, der auch heute noch kopiert wird: Kurzhaarfrisur mit Fransen, Caprihose, Rollkragenpullover und Ballerinaschuhe. Ihr verdanken wir außerdem die in der Taille geknoteten Hemdblusen. Unvergeßliche Filmkostüme für die Hepburn entwarf Edith Head zum Beispiel für *Ein Herz und eine Krone* (1953) und *Frühstück bei Tiffany* (1961), und sie schuf das Sabrina-Dekolleté, so benannt nach dem gleichnamigen Film (1954).

Angeblich behielt Audrey Hepburn ihre knabenhafte Figur durch die Diät aus Eiswürfel und Salat

1928 Hermione Baddeley beschwört einen Skandal herauf: Bei ihrem Hochzeitsempfang trägt sie Hosen.

1948 Daimler führt Wagen mit elektrischen Fensterhebern ein.

1973 Die Hochzeit von Prinzessin Anne und Captain Mark Phillips ist die erste königliche Hochzeit, die im Fernsehen übertragen wird.

1920–1998

Royal Flush
Königliche Mode

Norman Hartnell überprüft den Faltenwurf einer seiner stoffreichen Kreationen

Die Windsors ziehen stets viele Blicke auf sich und somit auch die königliche Mode, wenngleich diese auch nicht immer vorteilhaft wirkt. Gleichwohl, die Modeschöpfer, denen königliche Gunst zuteil wird, sonnen sich in ihrem Ruhm – zumindest für eine Weile.

Der Hofschneider

Norman Hartnell wurde 1938 zum Hofschneider der britischen Königsfamilie berufen und war vor allem für die Garderobe der Königinmutter und Königin Elizabeths II. verantwortlich. Er entwarf nicht nur das Brautkleid und die Aussteuer der Königin, sondern auch ihre Krönungsrobe aus dem Jahr 1953, die über und über mit den Emblemen Großbritanniens und des Commonwealth bestickt war. Am liebsten arbeitete er mit Satin, Tüll und Stickereien, doch kleidete er die königliche Familie auch in konservative Kostüme und Mäntel aus Tweed.

D er leicht anrüchige Stil und die flotten Anzüge Eduards VIII. sorgten schon lange vor seiner Hochzeit mit Wallis Simpson für Aufregung. Ihm folgte der würdige, aber in bezug auf Mode langweilige Georg VI., und seine Gattin, Königin Elizabeth (die Queen Mum), hat es Wallis Simpson nie verziehen, sie als ›dowdy duchess‹ (unelegante Herzogin) bezeichnet zu haben – eine herzlose Anspielung auf die von ihr bevorzugten Rüschen und Spitzen. Glücklicherweise nahm sich jedoch *Norman Hartnell* (1901–1979) ihrer an und verhalf Elizabeth zu einer Garderobe, die besser zu

ihrer rundlichen Figur paßte. Die zukünftige Königin Elizabeth II. mit ihren hübschen, leicht maskulinen Zügen ging kein Risiko ein, sondern verließ sich in Modefragen auf die Landsleute *Hardy Amies* (geb. 1909) und Norman Hartnell. Darin unterschied sie sich deutlich von ihrer ›ungehörigen‹ Schwester Prinzessin Margaret, die sich heimlich Diors ›New Look‹ (siehe S. 70 f.) ansah und zu ihrem 21. Geburtstag ein Ballkleid von Dior trug. Sie

Prinzessin Margaret heiratet Antony Armstrong-Jones im klassischen Brautkleid

1982 Michael Fagan bricht in das Schlafzimmer der Queen ein, stiehlt eine Flasche Wein und bittet die Queen um eine Zigarette.

1995 Ein kanadischer Showmaster gibt sich als Premierminister aus und sendet ein Telefongespräch mit der Queen, in dem er nach ihrer Meinung zur Unabhängigkeit Quebecs fragt.

1997 Ein Kleid von Prinzessin Diana wird bei Christies in New York für 200 000 Dollar versteigert – das teuerste Kleid aller Zeiten.

war die ›Elizabeth Taylor‹ unter den Windsors und wurde in ihrer Jugend häufig kopiert, bis eine leichte Körperfülle bei ihr zu einer Vorliebe für unvorteilhafte Kaftans führte.

Prinz Charles verlieh der Bezeichnung ›komischer Kauz‹ eine neue Bedeutung, darum ist es um so erstaunlicher, daß er eine Frau heiratete, die in Sachen Mode zu einem der einflußreichsten Vorbilder des 20. Jahrhunderts werden sollte – Prinzessin Diana. Die zunächst schüchterne Di trug anfangs zu viele alberne Hüte, gemusterte Strümpfe, Söckchen und nicht zuletzt ein katastrophales Brautkleid von *David* und *Elizabeth Emanuel* (beide geb. 1953). Doch als sie mit 36 Jahren starb, hatte sie sich von der pflichtbewußt gekleideten Prinzessin, die die britische Mode unterstützte, zu einem selbstbewußten Mitglied des Jet-set entwickelt und trug alles – von Ungaro, Versace, Lacroix über Chanel bis hin zu ihren alten Favoritinnen Catherine Walker und Amanda Wakeley. Stets von der Presse verfolgt, machte sie das maßgeschneiderte Mantelkleid wieder modern, und der von ihr bevorzugte lange Blazer mit kurzem engen Rock und Bluse wurde zu einem populären Outfit. Es bleibt abzuwarten, wie modebewußt sich ihr Sohn William geben wird.

MODE-IKONE

Die Frau, die das geflügelte Wort prägte, man könne niemals zu reich oder zu dünn sein, war nicht gerade populär, aber eine führende Figur in Sachen Mode: **Wallis Simpson** (1896–1986), von Cecil Beaton porträtiert und fotografiert, gab streng geschnittenen Modellen der besten Designer ihrer Zeit den Vorzug. Ihre Aussteuer stammte von Molyneux, und sie war Kundin bei Dior, Mainbocher und Schiaparelli, die ihre bevorzugten schlichten Kostüme entwarf. Wallis' Lieblingsfarbe war Blau. In bezug auf Schmuck besaß sie einen außergewöhnlich teuren Geschmack, kaufte bei Cartier und Van Cleef & Arpels, etwa Broschen in Form von Flamingos oder großen Katzen. Der Verkauf des Schmucks nach ihrem Tod war ein Medienereignis. Calvin Klein erstand ihren ›Eternity‹-Ring und benannte ein Parfüm danach (siehe S. 33).

Simpson mit Katzen-Brosche

Die Frau, deren Gesicht den Verkauf von einer Million Zeitschriften sicherte, wie gewöhnlich im Mittelpunkt des Interesses

1901 Ransom E. Olds verkauft 425 Exemplare seines Oldsmobil, des ersten populären amerikanischen Autos, für je 650 Dollar.

1943 Die britische *Vogue* rät ihren Leserinnen, das beste aus ihren Kleider-Coupons zu machen und statt eines Kleids lieber Bluse oder Rock zu wählen.

1952 In der Filmfassung von Oscar Wildes *The Importance of Being Earnest* stößt Edith Evans den unsterblich gewordenen Schrei aus: »A handbag?!!!« (Eine Handtasche?!!!)

1900 bis heute

In der Tasche
Vielseitige Statussymbole

Die Croissant-Tasche von Fendi ist eine äußerst kostspielige Anschaffung

Ob es sich um Teletubby Tinky Winky, die Queen Mum oder eine Moderedakteurin mit dem neuesten Modell von Gucci handelt, die gesellschaftliche Bedeutung der Handtasche ist mindestens so wichtig wie ihre Funktion als Accessoire. Aufgebrachte alte Damen benutzen sie auch schon einmal, um sich zur Wehr zu setzen, Transvestiten lassen sie am schlanken Handgelenk baumeln, und Modebewußte genießen den diskreten, aber dennoch offensichtlichen Charme eines winzigen Logos. In den 50er Jahren wurde die Hermès-Handtasche einer Fürstin zum absoluten Nonplusultra, ja zum Inbegriff allerhöchster Distinktion (siehe nebenstehendes Kästchen).

Von allen Accessoires ist die Handtasche das vielseitigste und die ›greifbarste‹ Verbindung zur neuesten Mode. Denn verlangt ein hochmodernes Kleidungsstück meist nach einer schlanken Figur, entfaltet eine Handtasche an jeder Schulter ihre Wirkung. Sie ist sowohl Statussymbol als auch austauschbarer Modeartikel, der den Look der Saison repräsentiert. Jedes Jahrzehnt spiegelt sich im Stil einer speziellen Handtasche wider, und zu Beginn des 21. Jahrhunderts ist der Markt fest in italienischer Hand.

Prada, Gucci (siehe S. 128 f.) und Fendi (siehe S. 114, 115) gelten zwar allesamt

Gucci (oben) und Prada (unten): zwei topmodische Handtaschen von 1999

Taschen für Männer

In Großbritannien oder den USA wird man wohl kaum Männern mit Handtaschen begegnen. Ausnahmen bilden moderne Rucksäcke oder Aktentaschen, doch Ledertäschchen, die am Handgelenk baumeln, gelten ganz und gar nicht als Emblem der Männlichkeit. Auf dem europäischen Kontinent ist die Handtasche für den Mann allerdings sehr beliebt. Selten enthalten die schwarzen oder braunen Ledertaschen jedoch mehr als eine Packung Zigaretten und die Autoschlüssel.

1979 Mrs. Thatcher wird Großbritanniens erster Regierungschef mit Handtasche.

1985 Phil Collins veröffentlicht das Solo-Album *No Jacket Required.*

1990 In Dresden im US-Staat Ohio wird ein Korb mit den Maßen 14,6 x 7 x 5,8 m geflochten.

MODE-IKONE ★

Grace Kelly (1929–1982) begann ihre Karriere als Model, wurde dann Starlet beim Film und sollte zu Hitchcocks bevorzugter kühler Blondine aufsteigen, ehe sie 1956 einen Prinzen heiratete. Aus diesem märchenhaften Stoff waren die Träume vieler Frauen gemacht, darum verwundert es nicht, daß Grace Kellys (kostspieliger) Stil häufig kopiert wurde. In den 50er Jahren war die nach ihr benannte ›Kelly Bag‹ der Inbegriff des eleganten Stils, und bei Auktionen wird für die klassische Hermès-Tasche auch heute noch viel geboten.

Taschenlady par excellence: die elegante Grace Kelly liebte Hermès

MODISCHE DETAILS

Bei Handtaschen steht die kunstfertige Verarbeitung immer noch an erster Stelle. Trotz des multinationalen Charakters so vieler Designer-Marken besitzen die verschiedenen Hauptstädte der Mode eigene Designer, deren eigenwillige und sehr begehrenswerte Handtaschen den großen Konzernen Paroli bieten: In Paris sollte man sich Jamin Puechs erfinderischen Gebrauch verschiedener Materialien nicht entgehen lassen, in New York sind die Taschen von Kate Spade erste Wahl für junge Geschäftsleute, und in London werden Lulu Guinness' Taschen mit Blumenstickereien bevorzugt.

als Modehäuser, doch am Gesamtumsatz ist die Kleidung mit kaum mehr als 25 % beteiligt. Weltweit erzielen Accessoires mit deutlich sichtbarem Logo sowie Schuhe die ganz großen Verkaufszahlen. Überzeugen kann man sich davon etwa in Mailand, wenn die neuen Kollektionen vorgestellt werden und die Mode-Experten jedes Geschäft auf der Suche nach neuen Artikeln abgegrast haben.

Von jedem kostbaren Stück, fürsorglich in Seidenpapier eingewickelt und den intensiven Duft sorgsam gegerbten Leders verströmend, gibt es auf irgendeinem Wühltisch irgendwo zwischen Bangkok und New York eine billige, scheinbar identische Kopie (siehe S. 121). Aber trotz der Vielzahl der Imitationen haben die Accessoires luxuriöser Modehäuser den Erfolg einiger führender Designer unserer Zeit untermauert. Der erst kürzlich bei Louis Vuitton angestellte amerikanische Designer *Marc Jacobs* (geb. 1963) hat ein Markenzeichen neu belebt, das einst für bourgeoisen, guten Geschmack stand, und Tom Ford gelang es, Gucci wieder zu einem Garanten für Luxusartikel zu machen.

›Kelly Bag‹ aus den 50ern mit Schlössern aus 18karätigem Gold

1939 Das Filmstudio Warner Brothers führt die Körbchengröße für BHs ein.

1939 Nach dem Einmarsch in Polen erklären Großbritannien und Frankreich Deutschland den Krieg.

1942 Die Briten werden ermuntert zu ›Dig for victory‹ (Grabt für den Sieg) – und sie pflanzen Gemüse in den Gärten.

1939–1945

Kriegszeiten
Rationierte Mode

Trotz der andauernden Bedrohung durch Bombenangriffe und der einschneidenden Beschränkungen der Rationierung gelang es den Frauen im Zweiten Weltkrieg, sich auf oft sehr einfallsreiche Weise zu kleiden. Die genannten Beispiele aus Großbritannien gelten in ähnlicher Form auch für andere Länder, die sich im Krieg befanden.

Das Leben und die Mode gingen auch zu Kriegszeiten weiter. Typisch waren die kürzeren Röcke aufgrund der Stoffrationierung

In Großbritannien z. B. erlegte die Regierung der Bekleidungsindustrie schwere Beschränkungen auf, und die Schlagworte ›Nützlichkeit‹ und ›Rationierung‹ hingen drohend über den Modemagazinen. Zuerst verschwanden die Seidenstrümpfe, dann folgte 1941 die Kleiderrationierung: Erwachsene erhielten jährlich nur 66 Coupons, für ein Damenkostüm benötigte man allerdings bereits 18 Marken. Im Juni desselben Jahres wurde das deprimierende ›Utility Clothing Scheme‹ zur Herstellung von Gebrauchskleidung eingeführt, das Stil und Material von 85 Prozent der Kleidung genau festschrieb.

MODE-IKONE ★

An Filmschauspielerin Veronica Lake erinnert man sich vor allem wegen ihrer berühmten Langhaarfrisur

Die Langhaarfrisur des Filmstars **Veronica Lake** sabotierte die allgemeinen Nützlichkeitsbestrebungen. Viele Frauen liebten die Frisur, obwohl sie bei der Fabrik- und Feldarbeit höchst unpraktisch war, und kopierten ihr Idol beharrlich. Eine großangelegte Kampagne, die Filmstars mit gefälliger Hochfrisur zeigte, machte nur wenig Eindruck. In manchen Fabriken wurden sogar Haarnetze eingeführt, um Unfällen vorzubeugen, und es kursierten Schreckensgeschichten von Frauen, die mit ihren langen Haaren in Maschinen geraten und skalpiert worden waren.

1941 Laurence Olivier und Vivien Leigh spielen in dem patriotischen Film *Lady Hamilton* die Hauptrollen. Winston Churchill erklärt, dies sei sein Lieblingsfilm.

1942 Den in Großbritannien stationierten US-Truppen wird verboten, britische Milch zu trinken: Sie ist nicht pasteurisiert.

1945 Ein Flugzeug kracht in das Empire State Building in New York und reißt zwischen dem 78. und 79. Stock ein Loch.

Trotz dieser Restriktionen herrschte überall großer Erfindungsreichtum. Die Frauen begannen zu flicken, zu stopfen und umzuarbeiten, was ihnen in die Hände fiel – ›maßhalten und reparieren‹ wurde zum geflügelten Wort. Wollsachen wurden aufgetrennt und neu gestrickt, Vorhänge ›requiriert‹, aus alten Decken Mäntel genäht, und die Schuhe überlebten nur dank regelmäßiger Besuche beim Schuster oder wurden aus dem Ausland eingeschmuggelt.

Ein bißchen luftig!

Fallschirme aus Seide und Nylon wurden zu einer wichtigen Bezugsquelle für Stoffe, aus denen die Frauen Unterhosen, BHs und Nachthemden fertigten. Die langen, dreieckigen Stücke ließen sich gut auftrennen und verarbeiten, und natürlich zog man die Seide dem Nylon vor. Der Schwarzmarkt wurde mit fehlerhaftem Material überflutet. Wer in einer Fallschirmfabrik arbeitete, bekam sie aber auch dort. Ab 1945 wurden Fallschirme in den Geschäften verkauft – mit einer Anleitung, wie man die einzelnen Teile zu möglichst viel Unterwäsche verarbeiten konnte.

den vollständig, Parfüm bekam man nur selten. Die Regierung hatte die Herstellung von Kosmetikartikeln auf ein Viertel reduziert, man wusch die Haare mit Seife, und der Schwarzmarkt blühte. Seidenstrümpfe waren zu einem Mythos geworden. Die meisten Frauen haßten es jedoch, ohne Strümpfe gesehen zu werden, und viele verließen sich auf amerikanische Soldaten, die neben Kaugummi und Schokolade einen unerschöpflichen Vorrat davon zu haben schienen. Einige entschieden sich für Bein-Make-up oder malten eine Strumpfnaht auf die Beine, während andere eine Paste aus Sand und Wasser verwendeten. Einzelne Strümpfe wurden aufbewahrt und neu eingefärbt, alte repariert.

Die meisten Beschränkungen blieben bis 1949 aufrechterhalten. Mit der Demobilisierung 1945 gab es Geld und Kleidercoupons, doch erst Diors New Look (siehe S. 70 f.) brach den Bann der Gebrauchskleidung – auch wenn ihn sich viele anfänglich nicht leisten konnten.

Mädchen in Uniform

Männer waren nicht die einzigen, die Uniformen trugen, vor allem nachdem man ab 1941 Frauen zur Fabrik- und Landarbeit und zum Kriegsdienst heranzog. Die Landarbeiterinnen mit Overalls, Segeltuchschuhen und grünen Strickjacken wurden zum Symbol der gemeinsamen Bemühungen. Viele hatten zum ersten Mal Hosen an. Bei den Streitkräften trugen Frauen die gleichen Jacken wie die Männer, dazu Röcke und Hemdblusen.

Kosmetikartikel zu organisieren war nahezu unmöglich. Einige Produkte verschwan-

Landarbeiterinnen in Overalls: Viele von ihnen trugen zum ersten Mal Hosen

1934 In Texas in den USA wird der weltweit erste Waschsalon eröffnet, er besitzt vier elektrische Waschmaschinen.

1942 Das Ballett *Rodeo* wird in der New Yorker Metropolitan Opera uraufgeführt, die Musik stammt von Aaron Copland.

1956 Elvis Presley dreht seinen ersten Film, *Love Me Tender*. Im Verlauf der Handlung wird er erschossen, kehrt jedoch als Geist zurück und singt den Titelsong.

1873 bis heute

Hauptsache Denim
Die Geschichte der Jeans

Goldgräber trugen die ersten Denims

Für Jeans-Fanatiker hat die US-amerikanische Patentnummer 139.121, die am 20. Mai 1873 vergeben wurde, einen besonderen Klang, denn sie steht für das erste offizielle Paar Jeans. Die geistigen Väter dieser Hosen waren der Stoffhändler Levi Strauss (gest. 1902) und der lettische Schneider Jacob Davis. Sie kamen als erste auf die Idee, die Taschen auf Jeans-Overalls festzunieten, damit ein schwieriger Kunde von ihnen sich nicht mehr die Taschen von den Hosen reißen konnte. Vom Beinkleid der Goldgräber und Cowboys entwickelte sich die Jeans ab den 50ern auf der ganzen Welt zu einem Alltags-Kleidungsstück für jedermann.

Der Name ›Denim‹ für Jeansstoff ist vermutlich abgeleitet von der französischen Bezeichnung ›serge de Nîmes‹, einem Stoff, der ursprünglich aus Seide und Wolle hergestellt und in Frankreich gegen Ende des 17. Jahrhunderts häufig verwendet wurde. Die sprachliche Verkürzung auf ›Denim‹ ging englischen Händlern wahrscheinlich leichter über die Lippen.

Die Bezeichnung ›Jeans‹ wiederum mag von ›Gênes‹ abgeleitet sein und sich auf die Hosen der italienischen Seeleute im Hafen von Genua beziehen oder aber von dem Namen des robusten Baumwollstoffs stammen, aus dem man in den USA im 19. Jahrhundert Arbeitskleidung fertigte. Seit das erste genietete Exemplar von Levi Strauss 1873 patentiert worden war,

Nick Kamen: Model für Levi's und Sexsymbol der 80er Jahre

62

1967 ›Che‹ Ernesto Guevara, kubanischer Revolutionsführer (geb. 1928), wird von vermutlich bolivianischen Regierungstruppen getötet.

1983 Katherine Hamnet beginnt damit, ihre politischen Überzeugungen auf T-Shirts zu drucken, etwa die berühmte Parole ›58% wollen keine Pershing-Rakete‹.

1997 Levi's zahlt 25 000 Dollar für ein paar Jeans, die zwischen 1886 und 1902 hergestellt worden sein sollen.

n Teenager in den
ern – Jeans waren
reits ein Muß

bezeichnete man sicherlich bereits alle Hosen aus Denim als Jeans. Doch erst Mitte der 50er Jahre, als Levi's seine Produkte als das »Richtige für die Schule« anpries, wurde der Name in ganz Amerika bekannt (trotz großer Empörung bei der konservativen Rechten).

Gegen Ende der 50er Jahre hatte die Jeans die USA erobert. Eine Zeitung schrieb im Jahr 1958: »90 Prozent der amerikanischen Jugend tragen ständig Jeans, außer im Bett und in der Kirche.« In Europa wurde die Jeans durch amerikanische Soldaten populär, die sie im Zweiten Weltkrieg außerhalb der Dienstzeit trugen, sowie durch die rebellierende Jugendkultur zur Zeit des Rock 'n' Roll.

In den 70ern hatte die Begeisterung für das Produkt längst Europa und Asien erfaßt. Die klassische ›Western‹-Jeans mit fünf Taschen war Teil der zeitgemäßen Mode, und die weiten Hosenbeine wurden zum unverzichtbaren Element, als traditionelle Jeanshersteller auch andere Materialien zu verwenden begannen. In den 80ern boomte das Geschäft mit den Denims mehr denn je. Designer-Jeans waren hochbegehrt, denn sie erlaubten den Kauf eines

MODISCHE DETAILS

Auch Calvin Klein (siehe S. 104) entdeckte in den 70er Jahren die Jeans, als Brooke Shields behauptete: »Nichts kommt zwischen mich und meine Calvins.« Chanel führte Denim-Kostüme vor, und Versace lancierte ein Markenprodukt. Heute bekommt man Jeans von Gucci mit Navaho-Stickereien und Federn sowie Evisus, auf traditionellen Webstühlen in Japan hergestellt.

anerkannten Statussymbols zu einem Bruchteil des üblichen Preises. Neue Methoden der Materialbehandlung führten zu unterschiedlichen Oberflächeneffekten, die die herkömmliche Stonewashed-Machart ergänzten. Heute kann sich die Bezeichnung Jeans auf alles mögliche beziehen, ob Denim, bedruckter Satin oder Moleskin. Das Angebot reicht von der Jeans mit Gummizug (von einem deutschen Fabrikanten für gewichtigere Kundinnen erdacht) bis zu besonders seltenen Exemplaren, für die Jeans-Fans fünfstellige Summen ausgeben (siehe Zeitleiste oben, 1997).

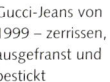

Gucci-Jeans von 1999 – zerrissen, ausgefranst und bestickt

63

1943 In Los Angeles führen die weit geschnittenen ›Zoot Suits‹ zu Krawallen, US-Soldaten attackieren jeden, der sie trägt.

1951 Das aus Frankreich importierte Tennishemd von Lacoste wird in den USA sofort ein Verkaufsschlager.

1968 Dick Fosbury wird die USA mit seinem innovativen ›Fosbury Flop‹ Olympiasieger im Hochsprung: Er springt rücklings mit dem Kopf zuerst, wobei sein Rücken über die Latte stre

1940 bis heute

American Look
›Sportswear‹ aus den USA

Der Prototyp des Bikinis: McCardells Lendentuch-Strandkleidung von 1946

Nach dem Krieg erlangten zwei Mode-Designer der USA internationale Anerkennung: Claire McCardell (1905–1958) und Halston (eigentlich Roy Halston Frowick, 1932–1990) gaben mit ›Sportswear‹ (Sportmoden) den Ton an. Die Kleidung war bequem, auch wenn man keinen Sport trieb, und genau das richtige für all jene, die bei Diors geschnürten Taillen keine Luft bekamen.

Claire McCardell lehnte die europäische Mode ab und suchte in ihrem eigenen Land nach Inspiration – ob im bedruckten Kattun der Pioniere, bei Arbeitsanzügen und Halstüchern im Cowboy-Stil, Kleidung großer Sportler oder von Comic-Helden (wahlweise Dan Dare, Spiderman oder Charlie Brown). Sie entwarf nur nach ihrem persönlichen Geschmack, wurde jedoch von den amerikanischen Frauen gefeiert, die ihre praktisch-bequeme, aber elegante Mode schätzten. Während ihrer Zeit bei Townley in Manhattan entwickelte sie das schräg geschnittene Zeltkleid ›Monastic Dress‹, das bereits nach 24 Stunden ausverkauft war und zum Klassiker wurde.

McCardell konnte hervorragend mit den kriegsbedingten Beschränkungen umgehen (siehe S. 60 f.) und experimentierte mit derben Metallverschlüssen und überschüssiger Baumwolle von Wetterballons. Mit ihrer Befürwortung pflegeleichter, serienmäßig hergestellter Materialien war sie ihrer Zeit weit voraus.

1973 Während seiner Zeit bei den Buffalo Bills läuft O.J. Simpson als erster Football-Spieler in einer einzigen Saison über 1800 Meter.

1974 Boxer Muhammad Ali schlägt seinen Gegner George Foreman in der achten Runde k.o. und wird Weltmeister im Schwergewicht.

1988 Florence Griffith-Joyner, bekannt für ihre auffälligen Sportanzüge und langen Fingernägel, gewinnt bei der Olympiade in Seoul den 100- und den 200-Meter-Lauf.

MODISCHE DETAILS

Typische Elemente des Stils von McCardell sind Flickentaschen, Wickelkleider aus Denim, Hemden aus gestreiftem Baumwollstoff, Hängekleider, Abendkleider aus Jersey, Ballerinas, Kleider im Empire-Stil, trägerlose Schlauch-Tops, enge Lederröcke, rückenfreie Kleider und Dirndlröcke. Halstons Look zeigt sich am deutlichsten in seinen Jerseykleidern mit Nackenträger, auf Figur gearbeiteten Kaschmirpullovern in Pastelltönen, Kaftan- und Djubbeh-Variationen, Nackenbandkleidern aus Chiffon mit Batikmuster, Hosenanzügen und Hemdblusen aus feinem Wildleder.

McCardells Frauen tragen am Strand Ballkleider

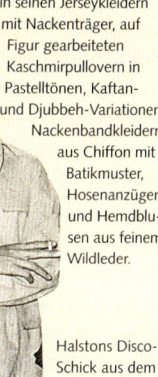

Halstons Disco-Schick aus dem Jahr 1975

Jersey-Look

Ein Designer ganz anderer Art war Halston, der anfänglich als Hutmacher arbeitete und zu seinen Kundinnen Stummfilmstar Gloria Swanson sowie Jackie Kennedy (er entwarf ihre Pillbox-Hüte) zählte. Nach seinen ersten Konfektionswaren (1966) entwickelte er bald die charakteristische lange, schmale Silhouette, die die amerikanische ›Sportswear‹ des nächsten Jahrzehnts bestimmte. Berühmt wurden seine lockeren Strickwaren, einschließlich Rollkragenpullover und weite Jerseyhosen, Hemdblusenkleider und die langen, engen Kleider mit Nackenband. Halston liebte geschmeidige Materialien wie Wolljersey. Anfang der 70er Jahre war er bereits eine Legende – auch wegen seiner regelmäßigen Anwesenheit im Kult-Club Studio 54. Die Zusammenarbeit mit dem Billig-Kaufhaus JC Penney veranlaßte Bergdorf Goodman jedoch, Halstons Kollektionen nicht länger anzubieten. In der Folge sollte er nie mehr an seinen früheren Erfolg anknüpfen können.

Von Halston zu Klein

In gewisser Weise ist **Calvin Klein** (geb. 1942) der Nachfolger Halstons. Seinen Durchbruch schaffte er mit den schlichten, weich geschnittenen Sportswear-Kollektionen. Angeblich verwechselte ein Einkäufer für Bonwitt Teller die Stockwerke im York Hotel, entdeckte Kleins Werkstatt und bestellte bei ihm sofort im Wert von 50 000 Dollar. Klein erweiterte seine Kollektionen bald und wurde zum König der Lizenzen, der außerdem die Begeisterung für Designer-Jeans auslöste. Seine Kollektionen bleiben auch weiterhin schlicht, sorgsam proportioniert, Ton in Ton, ohne überflüssige Details und mit einer leicht androgynen Note, die ihm 1978 den nahtlosen Übergang zur Herrenmode ermöglichte.

1946 In Las Vegas wird das Flamingo Hotel eröffnet. Finanziert haben es die Gangsterbosse Benjamin ›Buggsy‹ Siegel und Meyer Lansky.

1950 Ein Bär mit Brandverletzungen wird in New Mexico gefunden. ›Smokey, der Bär‹ wird zum Symbol einer Anzeigen-Kampagne gegen Waldbrände.

1954 Nach Wasserstoffbombenversuchen der USA auf dem Bikini-Atoll fällt radioaktiver Niederschlag auf das japanische Fischerboot *Lucky Tiger*.

1955 Bei den Pan American Games in Mexico City wird das Synchronschwimmen zur Wettbewerbsdisziplin.

1946 bis heute

Itsy Bitsy Teeny Weeny
Der Bikini

Radioaktiver
Niederschlag

Wer hätte gedacht, daß eine Reihe von Atomtests in der Südsee auf einem kleinen Atoll der Marshall-Inseln namens Bikini mit einem der aufregendsten Kleidungsstücke aller Zeiten in Verbindung gebracht werden würde? Der Bikini – ein zweiteiliger Badeanzug – hatte sich bereits in Entwürfen für Strandanzüge angekündigt. Doch erst der Maschinenbauingenieur Louis Reard war schlau genug, sein Design 1949 patentieren zu lassen. Vorführen ließ er es von einer Stripperin.

Ein Bikini aus Bri-Nylon
– einfach vollkommen

E twa zeitgleich stellte *Jacques Heim* (1899–1967) seine Version des Bikinis vor, die er ›Atom‹ nannte – beide Männer hielten ihre Kreationen offenbar für höchst explosiv. Zur damaligen Zeit war Reards Entwurf geradezu unerhört und nicht weit entfernt von den Tangas der 70er. Er eröffnete später ein Geschäft in Paris, in dem über 100 verschiedene Modelle verkauft wurden.

Der Bikini wurde zum perfekten Outfit für Starlets, die ihre Vorzüge zur Schau stellen wollten: Marilyn Monroe, Rita Hayworth, Diana Dors (sie ließ sich ein Modell aus Nerz anfertigen) und Jayne Mansfield zeigten sich alle in den kleinen Badeanzügen.

Trends beweisen oft Sinn für Komik, und in dieser Hinsicht fanden die Zeitungen dank der Bikinis in den Sommermonaten reißenden Absatz. Sie zeigten Frauen in pro-

Klatsch

Während Sonnenanbeter sich sofort für den Bikini begeisterten, verurteilte die katholische Kirche die neue Mode. Schwimmerin und Schauspielerin Esther Williams erklärte, sie würde eher sterben, als einen Bikini tragen, und um im Großbritannien der Nachkriegszeit Aufregungen zu vermeiden, trugen bei der ersten Wahl zur Miss World alle Damen Badeanzüge. Doch die Bikini-Begeisterung ließ nicht lange auf sich warten: Sie begann, als Robert Mitchum 1954 in Cannes einem Starlet das Bikini-Oberteil entfernte. Acht Jahre später machte ein eher belangloser Pop-Song den ›Itsy-Bitsy-Teeny-Weeny-Honolulu-Strand-Bikini‹ unsterblich.

1961 Mit der Einführung von Wegwerfwindeln verlieren Reinigungsdienste für Windeln ihre Geschäftsgrundlage.

1977 Jeden Monat fliehen aus Vietnam schätzungsweise 10 000 ›Boat People‹ in gefährlichen, kaum seetüchtigen Schiffen.

Erlaubt ist, was die Phantasie anregt

pellerförmigen Oberteilen, mit Handabdrücken, Schmetterlingen und Kätzchen an prominenter Stelle, in Union Jack-Bikinis oder eßbaren Modellen, in Bikinis mit Stacheln oder aus echtem Haar. Die Modelle in den Geschäften waren jedoch sehr viel ›gezügelter‹. In den 50er Jahren bestanden sie aus allerlei Rüschen und geblümtem Chintz, spitz zulaufenden Körbchen für die Oberteile und vielen weiteren Details.

In den 60ern standen gehäkelte Bikinis hoch im Kurs sowie die ultramodernen Höschen mit Hüftgürtel. Es wurde immer weniger Stoff verwendet und immer mehr Haut gezeigt, bis schließlich der schockierende String-Tanga folgte. Populär waren auch trägerlose Oberteile als Vorboten der späteren ›Oben-ohne-Mode‹.

Liza Bruce (geb. 1955) entwarf raffinierte Badekleidung aus Lycra, Crêpe de Chine und Seide, während *Norma*

Kamali (geb. 1945) für den berüchtigten ›Wet-Look‹ verantwortlich war. In den 80er Jahren dominierten Day-Glo und Crinkle-Materialien, die sich der Körperform anpaßten.

Lycra sorgte für einen besseren Sitz, der ›Metallic Look‹ wurde eingeführt, man experimentierte sogar mit Stilelementen der 20er und 30er Jahre. Die Höschen wurden noch kürzer, und die brasilianischen Strände galten bald als Heimat des Tangas. Findet das Baden ohne Oberteil inzwischen auch mehr Zustimmung, der Bikini scheint uns erhalten zu bleiben.

M O D E - I K O N E
★

Sie ist die vielleicht bekannteste Bikini-Trägerin aller Zeiten: Bei ihrem Filmdebüt im ersten Bond-Streifen *Dr. No* von 1963 entstieg **Ursula Andress** den Meeresfluten. Unter Sean Connerys anerkennenden Blicken trug sie den ultimativen Bikini jener Zeit: weiß, mit einem Gürtel um die Hüften, an dem, höchst provokativ, ein Messer befestigt war – sehr sexy.

Ursula Andress im Bond-Film *Dr. No* mit dem vielversprechenden Namen Honey Rider und dem ultimativen Bikini-Modell von 1963

1944 Das Magazin *Seventeen* richtet sich an Teenager, die lieber Artikel über ›Verabredungen und Schüchternheit‹ lesen als über ›Atomenergie‹.

1949 Aus Sojabohnen wird das erste eßbare vegetarische Eiweißprodukt hergestellt.

1953 Raymond Chandler in *The Long Goodbye*: »Alkohol ist wie die Liebe: Der erste Kuß ist Magie, der zweite schon vertraut, der dritte Routine, und danach zieht man dem Mädchen einfach nur die Kleider aus.«

1940er–1970er Jahre

Amerikas Grande Dame
Diana Vreeland

*Ihre Karriere bei Harper's Bazaar und der amerikanischen Vogue und später als Verantwortliche für Modeausstellungen im Metropolitan Museum of Art in New York ließ Diana Vreeland (1903–1989) zum Vorbild für alle werden, die es in der Mode-*branche zu etwas bringen wollten. Der Romancier Truman Capote beschrieb sie als »ein Genie, das nur wenige erkennen, denn dafür muß man selbst ein Genie sein, sonst hält man sie eher für eine alberne Frau«. Sie stand für den Glamour und die Oberflächlichkeit, die man allgemein mit der Modereportage verbindet, aber ihre Persönlichkeit war ebenso beeindruckend wie ihre Leistungen.

Modemagazine

Die erste Ausgabe der *Vogue*, eines wöchentlich erscheinenden Modemagazins für Frauen der Gesellschaft, wurde 1892 in den USA publiziert. 1910 erschien erstmals die britische *Vogue*, der bald die Ausgaben Frankreichs, Australiens, Spaniens und Deutschlands folgten. *Vogue* sollte zur einflußreichsten Modezeitschrift des 20. Jahrhunderts werden, dicht gefolgt von dem 1867 gegründeten Magazin *Harper's Bazaar*. *Women's Wear Daily*, ursprünglich ein Handelsmagazin, ist seit 1960 erhältlich. Die Zeitschriften waren auf Anzeigen angewiesen und alles andere als politisch kontrovers. Lieber gaben sie den Status quo wieder, kritisierten etwa in den Ausgaben vor dem Ersten Weltkrieg das Verhalten der Suffragetten und bekräftigten, daß der Platz einer Frau ihr Heim sei.

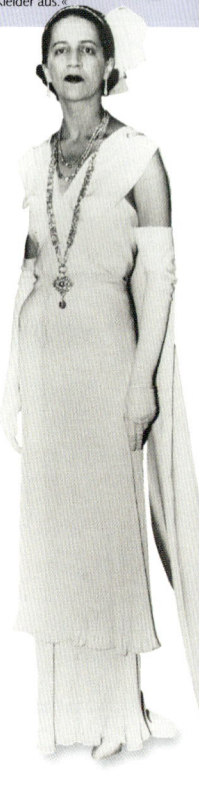

Verlieh *Harper's Bazaar* eine spezielle Note: Diana Vreeland 1933

Mit ihrer frivolen Kolumne mit dem Titel ›Warum nicht ...‹ für *Harper's Bazaar* war Diana Vreeland Mitte der 30er Jahre erstmals in aller Munde. Die Kolumne, gespickt mit verrückten Vorschlägen und Bonmots (siehe Kästchen mit Beispielen), diente dem Amüsement einer Gesellschaft, die sich immer noch von den düsteren Zeiten der Rezession zu befreien suchte.

1939 stieg Vreeland zur Moderedakteurin des Magazins auf und behielt diese Position 23 Jahre lang, bis sie 1963 Chefredakteurin der amerikanischen *Vogue* wurde und der berühmten Modezeitschrift von Anfang an gestalterisch wie inhaltlich ihren Stempel aufdrückte. Wenn es um die optische Wirkung ging, entschied sich

1960 Antonio Lopez überträgt den frechen Stil und den Humor der Pop-Art auf die Modezeichnung.

1969 Im US-Staat Wisconsin gibt eine Milchkuh am Tag durchschnittlich 13,5 Liter Milch. 1940 waren es nur 6 Liter gewesen.

1975 Jimmy Hoffa, Gründer der ›Teamsters Union‹ der amerikanischen Trucker, verschwindet eines Nachts spurlos. Man vermutet, daß ihn Gangster ermordet haben.

Vreeland stets gern für Experimente. Sie hatte ein sicheres Auge für talentierte Fotografen, Designer und Models, ›erfand‹ den Begriff von den schönen Menschen und prägte Sätze wie ›Rosa ist das Marineblau Indiens‹. Berüchtigt waren allerdings auch ihre Launen – eine Assistentin entließ sie zum Beispiel wegen quietschender Schuhe –, und ihr Regiment bei der amerikanischen *Vogue* war gefürchtet. Als Condé Nast, die Herausgeber von *Vogue,* jedoch beschlossen, daß die neue Generation der Karrierefrauen eine Redakteurin mit einer weniger ambitionierten und dafür realistischeren Einstellung zur Mode nötig hätte, nahm ihre Karriere im Jahr 1971 ein abruptes Ende. Man entließ Diana Vreeland höchst würdelos. Doch noch im selben Jahr erschien sie als Sonderberaterin der Kostümabteilung des Metropolitan Museum of Art wieder auf der Bildfläche und organisierte eine Reihe gutbesuchter Ausstellungen. Die erfolgreichsten, wie etwa die Ballets Russes-Ausstellung von 1979, beeinflußten sogar die Mode auf den Laufstegen. Die beeindruckende Frau mit Hakennase und leuchtend rot geschminckten Lippen war und blieb die Leitfigur der amerikanischen Modeszene und wurde mit zahlreichen Ehrungen und Preisen ausgezeichnet. Sie veröffentlichte ein Buch über Mode, *Allure* (1980), und ihre Autobiographie *DV* (1984) wurde zwar als ›prätentiöse Lüge‹ kritisiert, ist jedoch eine amüsante Lektüre.

Vreeland präsentiert Balenciagas berühmten Mantel mit durchgehendem Saum, MOMA, 1973

MODISCHE DETAILS

Kostproben der Bonmots von Diana Vreeland:

☞ Warum lassen Sie Ihre Zigaretten nicht mit ihren persönlichen Insignien kennzeichnen, so wie es ein bekannter Forscher mit seinem Pinguin gemacht hat? (Juli 1936)

☞ Warum malen Sie keine Weltkarte an die Wände des Kinderzimmers, damit ihre Sprößlinge nicht zu provinziell aufwachsen? (Juli 1936)

☞ Warum spülen Sie Ihren blonden Kindern, so wie es in Frankreich üblich ist, nicht die Haare mit Champagner, damit sie ihren goldenen Glanz behalten? (Juli 1936)

☞ Warum tragen Sie bei Schnee keine Narrenkappe aus kirschrotem Samt? (Januar 1937)

☞ Warum tragen Sie zu ihrer Kleidung nicht stets violette Samtfäustlinge? (Februar 1937)

☞ Warum stellen Sie in Ihr Wohnzimmer keinen Spiegeltisch, so wie [die Schauspielerin] Constance Collier, und legen einen Diamantstift dazu, damit ihre Gäste auf dem Tisch mit Namen unterschreiben können? (April 1938)

1949 Margaret Mitchell, die Autorin des Erfolgsromans *Vom Winde verweht*, wird von einem betrunkenen Autofahrer überfahren, als sie eine Straße in ihrer Heimatstadt Atlanta überquert.

1948 In einem Gebiet, das vorher zu Palästina gehörte, wird der Staat Israel gegründet – der erste jüdische Staat seit biblischen Zeiten.

1950 Wegen einer Wasserknappheit wird in New York das Baden und Rasieren verboten.

1947–1958

New Look
Die französische Revolution

Mode hat stets das Potential zur Provokation. Dennoch gelang es nur einem einzigen Modeschöpfer, einen Stil zu kreieren, der zu allgemeiner Beunruhigung, ja hitziger Erregung führte, als verschwenderisch und gräßlich einschnürend abqualifiziert und von britischen Politikern sogar öffentlich verurteilt wurde. Christian Diors (1905–1957) New Look war ein Geniestreich, doch nach den Entbehrungen durch den Krieg hätte wohl nichts schockierender sein können als die unzähligen Meter Stoff, die für seine neuen weiten Röcke oder die kleinen, figurbetonten Jacken benötigt wurden. Für die Kleider brauchte man 10, 20 oder sogar bis zu 70 m Stoff!

Christian Dior war der einflußreichste Couturier der 50er Jahre. Sein New Look erhitzte die Gemüter

Dior war in der Normandie als Sohn einer reichen Familie geboren worden. Die Welt der Mode lernte er kennen, als er sich mit dem Designer Jean Ozenne in Paris ein Apartment teilte – und war fasziniert. Er fertigte Entwürfe an und verkaufte sie auch an den Couturier Robert Piguet, der Dior sofort bei sich anstellte. Im Zweiten Weltkrieg wurde Dior in die französische Armee eingezogen und konnte seine Karriere erst danach bei *Lucien Lelong* (1889–1958) fortsetzen. Bald fand Dior jedoch genügend Unterstützung,

Auch die Accessoires des New Look waren wichtig – vom flachen Tellerhut aus Stroh bis zu dem Pumps mit Pfennigabsatz

Von ›Bar‹ zu Barbie

Ein einziges Modell, das Kostüm ›Bar‹, vereinigte die Besonderheiten von Diors New Look. Es bestand aus einer Jacke aus Naturseide mit schmalen Schultern und enger Taille, die mit den gerundeten Hüften die betont weibliche Sanduhrform schuf. Zu der Jacke wurde ein weiter, wadenlanger Faltenrock getragen sowie schwarze Handschuhe und Pumps mit Pfennigabsatz. Auch andere Designer hatten sich an diesem Look, der sich an der Abendgarderobe orientierte, versucht, doch Dior hatte nach den Kriegsentbehrungen perfektes Timing bewiesen. Als 1959 die Barbiepuppe eingeführt wurde, ›trug‹ sie natürlich den New Look.

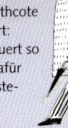

1952 Dank der Erfindung von Rolodex, eines drehbaren Zylinders, können Akten nun ganz neu geordnet werden.

1955 Während des Autorennens von Le Mans bricht ein Wagen von der Piste aus: 85 Zuschauer und der Fahrer werden getötet.

1958 Cyril Northcote Parkinson erklärt: »Eine Arbeit dauert so lange wie die dafür zur Verfügung stehende Zeit.«

um sich selbständig zu machen. Er mietete die Avenue Montaigne 30 und das Modehaus (besser: das Königreich) Dior war geboren.

Der Erfolg stellte sich schon mit der ersten Kollektion ein, die tiefer Ausdruck seines Modeverständnisses war und Einflüsse aus seiner Kindheit und Jugend wiederspiegelte. Ursprünglich wurde der ›New Look‹ als ›Ligne Corolle‹ (Glockenblumenlinie) bezeichnet, da er die Silhouette einer umgedrehten Blüte nachempfand. Dior setzte dies in seinen Abendkleidern fort, phantastischen Kreationen mit langen, bauschigen Röcken und Lagen von Tüll, während die Tageskleider aus weiten Röcken und engen, taillierten Jacken bestanden. Diors Timing war perfekt, denn die Frauen waren die Kriegsentbehrungen leid und wollten sich endlich wieder etwas gönnen.

MODISCHE DETAILS

Christian Dior war berühmt dafür, seine Kollektionen sorgsam vorzubereiten und stets neue Trends zu setzen. 1947 schnürte er die Taillen noch ein bißchen enger, während er 1948 mit asymmetrischen Formen experimentierte, den Kragen nach oben zog und mit kürzeren Rocklängen arbeitete. 1949 verwendete er getrennte Stoffbahnen für einen weiten, aber nicht ganz so bauschigen Rock, breite Revers und Kragen. Weitere typische Elemente seiner Mode sind der Plissee-Rock, hufeisenförmige Krägen, Mäntel und Jacken mit Rückengurt und kastenförmige Oberteile. Für Abend- wie Tageskleider bevorzugte er die Prinzeß-Linie, die offene Tulpenform und weite Ausschnitte. Die spätere H-Linie bezeichnete man als ›Second Look‹, und 1957 propagierte er auch die A-Linie.

Ein elegantes Abendkleid aus Diors A-Linie

Es war Diors letzter Wunsch, daß der junge *Yves Saint Laurent* (geb. 1936), heute für viele der letzte große Couturier, seinen Platz einnehmen möge. So wurde das Haus Dior weiterhin von innovativer Mode bestimmt, und in diesem Sinn folgte im Jahr 1996 auch die Anstellung des britischen Designers *John Galliano* (geb. 1960).

Theatralischer Look: John Gallianos Kollektion für Dior aus dem Jahr 1997

1953 In den USA wird in mindestens 100 000 Geschäften Pizza zum Verkauf angeboten.

1957 Alberto Moravia veröffentlicht *Two Women*, eine Geschichte über italienische Flüchtlinge gegen Ende des Zweiten Weltkriegs.

1960 Unvergeßliche Szenen aus Fellinis Spielfilm *La Dolce Vita*: Anita Ekberg im Trevi-Brunnen mit einem Kätzchen auf dem Kopf, eine Orgie mit Nadia Gray beim Striptease und eine Christusstatue, die über Rom fliegt.

Um 1800 bis heute

Laß' dein Haar herunter
Vom Bubikopf zur Punkfrisur

›Weil ich es mir wert bin‹ – der Werbeslogan für die Haarpflegeprodukte von L´Oréal sagt viel über die Beziehung der Frau zu ihrer Frisur aus. Ein Friseurbesuch kann mitunter eine erschwingliche Form der Psychotherapie sein, auf jeden Fall wirkt er sich positiv auf die Stimmung aus – ganz egal ob durch einfaches ›Waschen und Legen‹ für das Kaffeekränzchen oder mittels eines durchaus aufwendigen Stylings für eine Kinopremiere.

Die vieldiskutierte Frisur der späten 90er Jahre: Jennifer Anistons gestufter Bob mit Strähnchen

Seit dem 19. Jahrhundert ist die Frisur der Frau von größerer gesellschaftlicher Bedeutung als die ihres Gatten. Die Ethik des 18. Jahrhunderts vom ›herausgeputzten Mann‹ machte den Gesetzen der industriellen Revolution Platz, und die gepuderten Perücken mitsamt den Flöhen verschwanden. Während die Ehemänner mit den neuen Kurzhaarschnitten zur Arbeit gingen, stiegen die komplizierten Frisuren der Gattinnen, die zu Hause die Diener beaufsichtigten, zu einem neuen Statussymbol auf.

Als in den 20er Jahren des 20. Jahrhunderts die ersten Frauen einen Bubikopf trugen, hieß es in Traktaten der Kirche, daß sich dieser Haarschnitt sowohl gegen Gott als auch wider die Natur richten würde. Mit der fortschreitenden Emanzipation der Frau

Vidal Sassoon präsentiert seine Haarmoden, 1975

und der wachsenden Bedeutung der Medien nahmen Modetrends jedoch immer größeren Einfluß auf die Frisuren.

In den 50er und 60er Jahren konnte die Haarpracht nicht ausgefallen genug sein. London war der Geburtsort des Prominentenfriseurs – in Gestalt von *Vidal Sassoon* (geb. 1928), der den ›Fünf-Punkte-Bubikopf‹ populär machte, und des esoterisch betitelten Mr. Teasy-Weasy, der den Jet-set

seiner Zeit frisierte. Für jede neue Frisur gab es einen passenden Namen, von der Pudelfrisur bis zum Farah-Diba-Look. Die Hippie-Mode in den späten 60ern und frühen 70ern brachte Perlen, wilde Mähnen und lange Fransen, die gegen Ende der 70er Jahre von den provokativen Punkfrisuren (siehe S. 108 f.) sogar noch übertroffen wurden. Mit einem Mal war häßlich nicht mehr häßlich, sondern ›cool‹. Zucker und Wasser verwandelten Haarsträhnen in steil aufragende Zuckerstangen, besonders Mutige verwendeten sogar Sekundenkleber für ihren stacheligen Irokesen-Look. Obwohl man heute immer noch einigen Punks begegnet, vor allem zur Freude amerikanischer Touristen auf der Suche nach Londons Subkultur, dominierten in den 80er Jahren voluminöse Föhnfrisuren. Die Ästhetik von *Dallas* und *Denver Clan* (siehe S. 122 f.) ließ dann Kino- und Theaterbesucher aufstöhnen, wenn der Blick plötzlich durch eine üppige Dauerwelle versperrt war. Aufgehellte Strähnchen standen hoch im Kurs und mit riesigen Plastikkämmen wurden Dauerwellenmähnen in Hochfrisuren verwandelt.

In den 90er Jahren hatte die Mode etwas zu weit in die Zukunft geblickt und erinnerte sich wieder an ihre Vergangenheit. Dies führte auch zum Wiederaufleben vergangener Haarmoden, und nach dem Dikat der Jugendkultur war ›alles erlaubt‹.

Spektakulärer Irokesen-Look, aufgenommen 1992 in Kalifornien

MODE-IKONE ★

In den 60ern entsprach **Dusty Springfield** mit perfekter Hochfrisur, langen, schwarzen Wimpern und mattrosa Lippen genau dem Trend. In den 70ern ließ Farrah-Fawcett Majors' gestufte blonde Mähne unzählige Schulmädchen jede Nacht die Lockenstäbe aufheizen. Die große Punk-Ikone war natürlich Jordan (siehe S. 109), und der gelockte Boy George (siehe S. 119) propagierte seinen ganz eigenen Trend.

Drei Engel für Charlie: Für die Frisuren waren Lockenstab und Haarspray unerläßlich

1960 Bei Amtsantritt ihres Gatten erklärt Jackie Kennedy: »Ich möchte eigentlich nicht First Lady genannt werden. Das klingt wie der Name eines Reitpferds.«

1963 Der Nachtclubbesitzer Jack Ruby erschießt Lee Harvey Oswald, ehe dieser wegen Mordes an John F. Kennedy vor Gericht gestellt werden kann.

1969 In den USA verzichten Hersteller von Baby-Nahrung auf Natriumglutamat, das in Tests bei Mäusen Hirnschäden verursachte.

1950–1980
Eine amerikanische Legende
Jackie O.

Tragische Ereignisse in Dallas, 1963

Jacqueline Lee Bouvier Kennedy Onassis (1929–1994) gehört zu den großen Modevorbildern unseres Jahrhunderts: zunächst eine elegante Debütantin mit Satinhandschuhen und Perlenkette, dann eine tragische Heldin im blutbefleckten Kostüm, und schließlich die Gattin eines Groß-Reeders mit übergroßer Sonnenbrille und Kopftuch. Für viele ihrer Bewunderer wurde sie zur Symbolfigur der amerikanischen ›Aristokratie‹: eine Patriotin, eine ausnehmend vornehme Erscheinung, eine ausgezeichnete Reiterin, ›Debütantin des Jahres‹ in der Saison 1947/48 – und sehr sehr reich.

N ach ihrem Studium an der Washington University arbeitete Jackie als Fotografin für eine regionale Zeitung und begegnete schon bald Senator *John F. Kennedy* (1917–1963). Begleitet von großem öffentlichen Interesse heiratete sie 1953 den zukünftigen US-Präsidenten. Von diesem Zeitpunkt an stand Jackie O. mit ihrem ganz eigenen amerikanischen Stil stets im Zentrum der Aufmerksamkeit. Als neue First Lady ließ sie sich klugerweise vom New Yorker Designer *Oleg Cassini* (geb. 1913) einkleiden, obwohl sie die Pariser Couturiers insgeheim bevorzugte, und so wurde ein Stil geboren, der das ganze Jahrzehnt bestimmte. Immer wieder erschienen Berichte über ihre Extravaganz, denen sie entgegenhielt, daß es ihr gar

Jackie Anfang der 60er Jahre mit ihrem Sohn John-John, der 1999 bei einem Flugzeugabsturz ums Leben kam

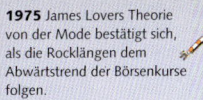

1975 James Lovers Theorie von der Mode bestätigt sich, als die Rocklängen dem Abwärtstrend der Börsenkurse folgen.

1975 Als in New York für 25 Stunden der Strom ausfällt, kommt alles zum Stillstand.

1984 Andrew Lloyd Webbers Musical *Starlight Express* wird in London aufgeführt. Die Darsteller auf Rollschuhen mimen Züge.

Diese übergroße Sonnenbrille ist heute allgemein als ›Jackie O's‹ bekannt

bekanntestes Outfit sein, doch es waren die schlichten Modelle, etwa Cassinis Zweiteiler aus Wolle, ein Kleid mit schmal geschnittener Jacke oder ein Mantel mit abnehmbarem, rundem Kragen aus russischem Zobel, und die berühmten Pillbox-Hüte von Halston (siehe S. 65), die in den 60ern die amerikanische Mode berühmt machten.

MODISCHE DETAILS

Im Frühjahr 1996 wurden bei Sotheby's in New York 5914 Stücke aus dem Besitz von Jacqueline Lee Bouvier Kennedy Onassis versteigert. Auf den Zuschauerrängen saßen 40 000 Fans von Jackie O., und die Auktion brachte 34,5 Millionen Dollar ein. Zu den bekanntesten Stücken zählte eine falsche Perlenkette, unsterblich geworden durch eine Fotografie von John F. Kennedy Jr., der mit der Kette am Hals seiner lächelnden Mutter spielt. Lynda und Stewart Resnick, Besitzer des Franklin Mint Museum in Philadelphia, boten 211 500 Dollar für ein Stück, das nur auf 700–900 Dollar geschätzt worden war, da es sie vorgeblich an die Unschuld der 60er Jahre erinnerte. Für alle, die sich ebenfalls nach diesem Stil sehnen, stellen die Resnicks nun Reproduktionen der Halskette her – für 195 Dollar das Stück.

nicht möglich wäre, im Jahr 30 000 Dollar für Kleidung auszugeben, »es sei denn, ich trage Unterwäsche aus Zobel«.

Jackie O. war eine zierliche Frau mit einer vom jahrelangen Reiten durchtrainierten Figur. Sie trug gern schlichte, oft ärmellose Kleider mit weitem Ausschnitt, eine Perlenkette und auf dem locker toupierten Haar eine sogenannte Pillbox. Sie machte Sonnenbrillen und Kopftücher so populär, daß sie sogar von Marguerite Oswald, der Mutter des Präsidentenmörders, getragen wurden, als diese heimlich Nachforschungen zur Entlastung ihres Sohnes anstellte. (Mit unfreiwilliger Ironie sprach sie dabei von ihrer ›Jackie Kennedy-Verkleidung‹.) Nach Jackies Hochzeit mit dem griechischen Groß-Reeder *Aristoteles Onassis* (1906–1975) sah man sie in der Öffentlichkeit selten ohne ihre große Sonnenbrille. Das Chanel-Kostüm, das Jackie bei der Ermordung ihres Mannes trug, mag zwar ihr

Nach ihrer Ehe mit Onassis ließ sich Jackie 1968 in New York nieder, wo sie bis zu ihrem Tod zurückgezogen lebte und als Redakteurin für Doubleday arbeitete. Ihren einstigen Ruhm empfand sie nun als belastende Verantwortung: »Ich möchte kein Modevorbild sein, sondern nur passend gekleidet«, sagte sie, »Kleider sind für mich ein ziemliches Ärgernis«.

1959 Cliff Richards ›Living Doll‹ ist in diesem Jahr der erfolgreichste Hit Großbritanniens.

1957 Graham Greenes Stück *The Potting Shed* wird in New York uraufgeführt, die Hauptrolle spielt Sybil Thorndyke.

1958 Im August und September kommt es in London zu Unruhen, den ›Notting Hill Riots‹.

1955–1965

Mods & Rocker
Großbritanniens wilde Jugend

In Großbritannien gab es in den 50ern und 60ern zwei gegensätzliche Trends der Jugendkultur: Mods schätzten gepflegte Anzüge im italienischen Design, Anoraks und Motorroller, Rocker hingegen liebten Leder und Ketten. Diese Unterschiede waren im Grunde keine Auseinandersetzung wert. Dennoch kam es zwischen den beiden Gruppen in mehreren britischen Seebädern 1964 zu Kämpfen.

Marlon Brandos Kultfilm von 1953 trug zur Entstehung des Rocker-Looks bei

Quadrophenia

Die gegenseitige Abneigung von Mods und Rockern ist Thema des Kultfilms *Quadrophenia* (1979) mit Sting und Leslie Ash. Der Film fing die Auseinandersetzungen der beiden rivalisierenden Gruppen ein und unterstützte das Revival der beiden einflußreichsten Jugend-Trends der 60er Jahre. Viele Beobachter der Szene sehen in der kompromißlosen Haltung der Rocker den Vorläufer des Punk (siehe dazu S. 108 f.).

Die Mods sahen in die Zukunft, begeisterten sich für Jazz und einen modernen, europäischen Stil, was sich nicht zuletzt in italienischen Markenanzügen und dem bevorzugten Transportmittel, der Lambretta, zeigte. Die Mode für Männer und Frauen wies viele Gemeinsamkeiten auf. Der flotte, moderne Look war

Am Strand von Brighton versammelte sich 1965 eine große Anzahl von Mods

1960 *Lady Chatterly's Lover*, ein erotischer Roman von D. H. Lawrence aus dem Jahr 1928, wird in Großbritannien freigegeben.

1962 Ein Schuljunge aus dem englischen Essex tanzt 33 Stunden ununterbrochen Twist.

1964 Harold Wilson wird Premierminister von Großbritannien; man sieht ihn selten ohne eine Pfeife im Mund.

betont minimalistisch, mit kurzen Jacken, Hosen, die keinesfalls hochgeschlagen wurden, spitzen Schuhen oder Stiefeln und grauen oder weißen Trenchcoats. Die Frauen trugen sportliche kurze Röcke, kurze Blazer und Kurzhaarfrisuren, Filmstars wie Jean Seberg nachempfunden. Das Make-up war blaß und ausgefallen. Dieser Stil der Mods wird regelmäßig wieder aufgegriffen, so etwa im monochromen Look von Paul Weller in den 80er Jahren.

Der rivalisierende Look der Rocker war betont provokativ, und Leitfiguren wie Billy

Nieten und aggressiven Abzeichen, wie zum Beispiel Totenschädeln und gekreuzten Knochen oder Messern.

Übertriebene Schirmmützen, hochgeschlagene Bluejeans und Ketten wurden zum Inbegriff des Rocker-Looks. Waren die Mods den Rockern 1964 zahlenmäßig auch haushoch überlegen, begegnet man dem Rocker-Look immer noch an vielen Tankstellen und in Rockerkneipen.

Der klassische Motorradrebell: Marlon Brando in *Der Wilde*

MODE-IKONE ★

Der Archetyp des Rockers ist zweifellos **Marlon Brandos** Darstellung des unzugänglichen Rockers in *Der Wilde*. Diese Figur wurde als derart bedrohlich empfunden, daß der bereits 1953 entstandene Film in Großbritannien bis 1968 verboten blieb. Brandos trotzig-rebellisches Auftreten wird durch sein Rocker-Outfit trefflich unterstützt: Lederjacke mit aufgesticktem Namen, enge Hosen, Motorradstiefel und Schirmmütze (sowie der unvermeidliche finstere Blick).

Fury, Gene Vincent und Eddie Cochran verbanden die Liebe zu Motorrädern mit der Rock-'n'-Roll-Kultur. Rock-'n'-Roll-Ikonen wie Elvis Presley wurden von ihnen jedoch verurteilt. Ihr Markenzeichen waren Motorradjacken aus schwarzem Leder mit

1959 Günter Grass' Roman *Die Blechtrommel* erzählt von einem seltsamen Kind, das mit drei Jahren zu wachsen aufhört.

1965 Joseph Beuys präsentiert seine Performance *How to Explain Pictures to a Dead Hare*, wobei er einen toten Hasen durch eine Galerie trägt und ihm die Bilder erklärt.

1969 Der Begriff ›Ego-Trip‹ wird erstmals zur Beschreibung einer ichbezogenen oder selbstsüchtigen Handlung verwendet

1955 bis heute
Karl Lagerfeld
Multitalent mit vielen Facetten

Hinter seinem eher distanziert wirkenden Erscheinungsbild und dem unvermeidlichen Fächer verbirgt sich ein Modeschöpfer von äußerster Disziplin und Vielseitigkeit: Karl Lagerfeld (geb. 1938) hat für die meisten großen Modehäuser unserer Zeit gearbeitet, und sein Einfluß auf die Haute Couture war und ist noch immer beträchtlich.

Der Mann hinter dem Fächer: gefürchtet für seine scharfe Zunge

Lagerfeld läßt sein Mannequin in einem Abendkleid für Chloé die kalte Schulter zeigen

MODISCHE DETAILS

Ob Rokokokleider, um Brust, Taille oder Schultern gebundene Schals, luxuriöse Wendejacken aus Pelz und Leder im Stil von Kimonos, Miniröcke, Röcke über Hosen, leuchtende Farben, vor allem Rot – Lagerfeld nimmt sich klassischer Stile an und verwandelt sie auf ganz eigene Art.

Lagerfelds Karriere war stets von Rastlosigkeit gekennzeichnet. 1954 gewann er für eine Mantelkreation den ersten Preis des Internationalen Wollsekretariats. Pierre Balmain (siehe S. 31) stellte den jungen Lagerfeld als Modellisten ein und ließ seinen Mantel serienmäßig herstellen. Drei Jahre später ging Lagerfeld als künstlerischer Direktor zu Jean Patou (siehe S. 32), doch auch hier blieb er nicht lange. Von der Modewelt gelangweilt, studierte er in Italien Kunst.

Das Haus Chloé, das den wachsenden Markt für Prêt-à-porter-Mode mit der Haute Couture verbinden wollte, holte ihn zurück. Er arbeitete als freier Designer für Krizia, Valentino und den Schuh-Designer Charles Jourdan, bis er 1967 beratender Designer bei Fendi wurde. Seine größten Erfolge feierte Lagerfeld jedoch ab 1983 als Chef-Designer von Chanel und hauchte dem Haus neues Leben ein. Er war verantwortlich sowohl für Haute Couture als auch die Prêt-à-porter-Linie, und seine

1976 Ulrike Meinhof von der berüchtigten Baader-Meinhof-Gruppe erhängt sich in ihrer Gefängniszelle.

1983 Die Zeitschrift *Stern* muß eingestehen, daß die sensationellen ›Hitler-Tagebücher‹ eine Fälschung sind.

1998 Claudia Schiffer läßt für eine Autowerbung die Hüllen fallen. Später wird bekannt, daß ihre Füße ›gedoubelt‹ wurden und eine Schauspielerin ihr die Stimme lieh.

Kollektionen galten allgemein als Sensation. Erst 1984 gründete er eine eigene Gesellschaft mit den Linien ›KL‹, der Sportswear-Linie ›KL by Lagerfeld‹ und einer Herrenlinie.

Lagerfeld hat es stets verstanden, die wesentlichen Elemente eines etablierten Hauses zu übernehmen und gleichzeitig auf den Kopf zu stellen, eine sehr persönliche Interpretation zu schaffen, die jedoch noch den Stempel der traditionsreichen Marke trägt. Ebenso ist er aber auch zu Neuerungen fähig – war er doch einer der ersten, der die Unterwäsche nach außen kehrte und mit Seide, durchsichtigen Materialien und leichten Hemden experimentierte. Strahlende Farben spielen bei ihm eine große Rolle, ob bei seinen leuchtend rosa und giftgrünen Variationen des Chanel-Kostüms oder dem dramatischen Rot seiner eigenen Kollektionen. Er liebt Stickereien im Stil Schiaparellis, etwa funkelnde Gitarren oder fließende Wasserhähne, und sein spielerischer Umgang mit dem geschätzten Chanel-Logo ließ die klassischen Cs auch auf Gummistiefeln und winzigen Bikinis erscheinen. Seit Ende der 80er Jahre betätigt sich Lagerfeld auch als äußerst erfolgreicher Modefotograf.

Ein Chanel-Kostüm von ›Karl dem Großen‹

Lagerfeld bei einer Show von Chloé, 1994

Klatsch

Lagerfeld schien ein Leben in der surrealen Welt der Mode vorbestimmt zu sein. Schon als kleiner Junge erstaunte er seinen Vater, einen Geschäftsmann, indem er sich wie ein kleiner Prinz aufführte. Zu seinem vierten Geburtstag soll er sich einen Kammerdiener gewünscht haben. Als man ihm dies abschlug, erklärte er einem Phantasie-Diener, wie dieser seinen Hemdkragen zu bügeln hätte. Die Unterscheidung zwischen der Verstellung und dem ›wahren‹ Lagerfeld fällt schwer: Seine Vorliebe für Seidenfächer ist berüchtigt, und er gehört zu jenen Prominenten, die sich nie ohne Sonnenbrille zeigen.

1955 In dem Film *Das verflixte siebte Jahr* verschafft sich Marilyn Monroe über einem U-Bahnschacht Abkühlung – eine unvergeßliche Szene.

1966 Die Karriere des Briten Michael Caine als Frauenheld mit Cockney-Akzent beginnt mit dem Film *Alfie*. Seit Harold Lloyd ist er der erste Filmstar mit Brille.

1973 Brigitte Bardot zieht sich aus dem Filmgeschäft zurück, um sich dem Tierschutz zu widmen: »Ich gehe, ehe ich gehen muß. Ich entscheide.«

1950 bis heute
Der Film als Laufsteg
Die Mode der Stars

Liz Taylor als Cleopatra

Oft genug heißt es von Fortsetzungsfilmen, daß sie sich mit dem Original nicht messen können. Doch für die Mode im Film hat dies keine Gültigkeit, denn mag die Besetzung auch wechseln, der Einfluß auf unsere Kleiderschränke bleibt bestehen.

Als Edith Head (siehe S. 54 f.) und ihre Kollegen Mitte der 50er Jahre zu weniger Kreativität und mehr historischer Genauigkeit angehalten wurden, begann die einflußreiche Stellung der Kostümbildner Hollywoods zu schwinden. In der Modewelt gaben an Stelle von Los Angeles nun wieder französische Ateliers den Ton an, und die Filmmogule verzichteten auf einheimische Talente und holten sich Designer aus dem Ausland, um ihren Meisterwerken den nötigen Schick zu verleihen.

Edith Head zeigt Dorothy Lamour einen neuen Entwurf für einen exotischen Sarong

Yves Saint Laurents Mitarbeit an Luis Buñuels *Belle de Jour* von 1967 machte Schauspielerin Catherine Deneuve (siehe S. 91) über Nacht zur Mode-Ikone. Audrey Hepburn verband eine lange Zusammenarbeit mit Designer *Hubert de Givenchy* (geb. 1927), die in *Frühstück bei Tiffany* (1961) besonders erfolgreich war. Robert Redford wurde für *Der große Gatsby* (1974) von Ralph Lauren (siehe S. 104) eingekleidet, Madonna für *Evita* (1996) von Dolce & Gabbana (siehe S. 128), und Helen Mirren zeigt sich in Peter Greenaways *Der Koch, der Dieb, seine Frau und ihr Liebhaber* (1989) in einem kleinen S&M-Modell von Jean Paul Gaultier (siehe S. 95). Wie groß die Breitenwirkung der Zusammenarbeit von Modeschöpfern und Filmstudios tatsäch-

1981 Duran Duran bringen die Single ›Girls on Film‹ heraus und Simon LeBon wird Pin-up des Jahres.

1992 In einer vieldiskutierten Szene von *Basic Instinct* schlägt Sharon Stone die Beine übereinander.

1996 In dem Film *Evita* trägt Madonna 45 Paar Schuhe, 56 Paar Ohrringe, 39 Hüte und 42 verschiedene Frisuren. Insgesamt ändert sie ihr Outfit 85 mal.

Titanic löste eine Trend für Kate Winslets filigranen Schmuck aus und DiCaprio wurde der Schwarm aller Teenager

Prêt-à-porter (1995), oder zeigen Supermodels in Gastrollen, wie Shalom Harlow, die sich in Kevin Klines Komödie *In and Out* (1997) selbst spielte. Designer haben es sogar schon zugelassen, die Vorbereitungen für ihre Shows mit der Kamera verfolgen zu lassen – und so erlebten wir Isaac Mizrahis Kinodebüt in *Unzipped* (1994).

lich ist, muß jedoch noch geklärt werden.

Historische Stile lassen sich am leichtesten nachempfinden und mit ihrer Hilfe verwandeln sich die Menschen auf einem Marktplatz in der Provinz in Charaktere eines Romans von Jane Austen. Derartige Kostüme nehmen subtilen Einfluß auf unsere Kleidung, denn niemand würde heute die Komplets im Stil der Jahrhundertwende imitieren wollen, die Kate Winslet in *Titanic* trug (1997). Doch ihr filigraner Schmuck und die tropfenförmigen Ohrringe wurden sofort ein großer Verkaufshit. Dasselbe gilt für Meryl Streep als leidgeprüfte Karen Blixen in *Jenseits von Afrika* (1985), deren Kostüme der Mode einen dezenten Safari-Look bescherten.

Auch zu Beginn des neuen Jahrtausends geht die Mode mit dem Kino eine enge Verbindung ein, ist sie doch immer noch ein Hauptanziehungspunkt der Medien. Manche Filme haben die Modewelt sogar zum Thema, etwa Robert Altmans

Oscar-Verleihung 1999: Catherine Zeta-Jones in einem betörenden Versace-Modell

Die Oscar-Nacht

Alljährlich zur Oscar-Verleihung herrscht großer Konkurrenzkampf zwischen Mode-Designern, die die führenden Schauspielerinnen in ein atemberaubendes Modell kleiden wollen. Die Abendroben liefern ebensoviel Stoff für Spekulationen wie die Oscars selbst, und trägt der richtige Star das richtige Kleid, ist dies mehr wert als jede Werbung in den Modezeitschriften. Manche Schauspielerinnen bleiben einem bestimmten Designer treu, Jodie Foster etwa schwört auf Armani, während Sharon Stone die Kritiker auch schon einmal in Verwirrung stürzte, indem sie ein T-Shirt von The Gap trug. Manche Stars beglückwünscht man zu ihrer Wahl, andere werden getadelt. Bei Cher, die gewöhnlich in einer tief ausgeschnittenen und mit Perlen besetzten Kreation von **Bob Mackie** (geb. 1940) erscheint, sind die Meinungen der Kritiker geteilt. Sollen sie Chers Sinn für das Dramatische applaudieren oder sich um ihre letzte Schönheitsoperation Gedanken machen?

1960 Verglichen mit dem Jahr 1900 ist die Zahl der Damenschneider in den USA um zwei Drittel zurückgegangen.

1968 Der kalifornische Mode-Designer Charles Prior Hall untersucht die Qualität von Vinyl und flüssiger Stärke – zwei Jahren später hat er das Wasserbett perfektioniert.

1973 In den USA wird erstmals mehr Wodka als Whisky verkauft.

1958 bis heute

Intelligente Kleidung
High-Tech-Fasern

Die modernen Kunstfasern haben bisher fast alle Erwartungen übertroffen und werden immer wieder gern im neuesten Weltraum-Look von Star Trek & Co. präsentiert. Die Tage der heiteren und gleichermaßen günstigen Waschseide sind längst Vergangenheit – wir leben im Zeitalter der intelligenten High-Tech-Fasern.

Wer Schutz vor Wind und Wetter sucht, kann davon ausgehen, daß dafür schon längst ein passendes Material entwickelt wurde. Um den gefährlichen UV-Strahlen zu trotzen, enthalten einige Fasern auch bereits einen Schutzfaktor

Ein hauteng Catsuit – natürlich aus Lycra – und dazu die passenden Vinyl-Stiefel

Ein Top aus High-Tech-Fasern aus Pradas Zweitlinie ›Miu Miu‹

MODISCHE DET

Eine Welt ohne **Fleece** ist heute kaum mehr vorstellbar. Anfänglich verwendete man das atmungsaktive, leichte und gleichzeitig wärmende Material vor allem für Sportkleidung, da es Naturfasern wie Wolle deutlich überlegen war. Inzwischen ist Fleece das Material hochmodischer Westen und Tops und dient als Futter für Mäntel. Für Kinderkleidung ist es geradezu perfekt geeignet.

von 30+. In Japan (dem Heimatland der High-Tech-Fasern) wurde sogar ein behandeltes Polyester-Organza-Gewebe entwickelt, das ursprünglich für die Autoindustrie gedacht war und vor Hautkrebs schützt. Noch futuristischer erscheint ein Material mit Mikroeinkapselung, welches wiederum für die Raumfahrt konzipiert war und dessen eingeschlossene Wirkstoffe von der Haut absorbiert werden können. Man hat die Wahl zwischen Vitamin C,

1976 Björn Borg, bekannt für seine Gelassenheit auf dem Tennisplatz, gewinnt mit 20 Jahren seinen ersten Wimbledon-Titel.

1983 In der Biscayne Bay im US-Staat Florida umwickelt Christo elf Inseln mit leuchtend rosa Stoff und nennt sie »meine Wasserlilien«.

1996 Erdhäufchen von Regenwürmern, die man in einem Meteoriten findet, lassen vermuten, daß vor rund 13 000 Jahren Marsbewohner die Erde eroberten

Socken retten die Welt

Westliche Zivilisationen leben in ständiger Angst vor gefährlichen Mikroorganismen, und die Medien sind nahezu besessen von Bakterien und Viren. Zum Glück wird bei der Entwicklung moderner Kunstfasern dieser Paranoia Rechnung getragen. Neue Materialien, etwa Amicor Plus von Courtaulds Fibres, haben antibakterielle und pilzbekämpfende Eigenschaften. In Verbindung mit Baumwolle verwendet man sie bereits für die Herstellung von Socken und Unterwäsche. Viele neue Kunstfasern wirken außerdem gegen unangenehme Gerüche und werden für Einlagen und Sportunterwäsche eingesetzt.

Algenextrakten und nun auch Duftstoffen, die etwa 30 Waschgänge überstehen.

Für alle, denen es schnell zu kalt oder zu warm wird, gibt es nun ein neues Verfahren zur Verbesserung des Wärmewirkungsgrads von Fleece, Jacken, Socken und Mänteln. Dabei wird eine Art Mikroklima geschaffen, das für eine angenehme, aber nicht zu warme Temperatur sorgt. Auch Keramikteilchen verwendet man inzwi-

Kunstfasern im Weltraum-Look in der Fernsehserie *Lost in Space*

schen zur Wärmeregulierung, und die sowohl atmungsaktiven als auch wasserdichten Materialien werden ständig verbessert. Eine weitere Herausforderung stellt die Schweißbildung dar. Bei der so wohlklingend benannten ›Feuchtigkeitsregulierung‹ wird der Schweiß durch die Kleidung gleichmäßig nach außen geleitet, damit er so schnell wie möglich verdunstet. Segeltuch und ähnliche Stoffe werden dafür speziell behandelt, und auch manche Nylonarten binden inzwischen Wassermoleküle und leiten sie schnell nach außen.

Kunstpelz macht Spaß – besonders den Nerzen, Füchsen, Zobeln und Eichhörnchen

Viele dieser Chemiefasern hatte man anfänglich lediglich für Sport- und Freizeitkleidung vorgesehen, doch sind die Vorzüge der Materialien längst zu einem allgemein verkaufsfördernden Merkmal modischer Kleidung geworden. Es gibt bereits viele neue Ideen, etwa beruhigende ›Anti-Streß-Kleidung‹, mit Vitaminen und wohltuenden Ölen imprägnierte Materialien und sogar Kleidung, die die Gesundheit überwacht. Science-fiction? Auf alle Fälle scheint der Tag nicht mehr fern zu sein, an dem unsere Kleider uns sagen werden, was wir am Morgen anziehen sollen, und auch gleich die Accessoires aussuchen.

1959 William Burroughs *The Naked Lunch* porträtiert auf surrealistische Weise die Drogenabhängigkeit.

1962 Das erste Luftkissenboot befördert Passagiere über den Fluß Dee in Schottland von Rhyl nach Wallasey.

1965 Craven Walter stellt sein ›Astrolight‹ vor: Geschmolzenes gefärbtes Wachs bewegt sich in einem beleuchteten Zylinder auf und ab. Als ›Lava Lite‹ schmückt es in den 60ern viele Haushalte.

1959–1970

Quantensprung
Geliebte Mary

Für viele verkörpert Mary Quant (geb. 1934) das Lebensgefühl der 60er Jahre. Obwohl sie mit der Herstellung von Kleidern fast keine Erfahrung hatte, traf ihre erschwingliche und witzige Mode genau den Geschmack einer neuen, bisher vernachlässigten Zielgruppe – die Teenager, speziell die besonders schlanken.

Die Königin des ›Swinging London‹ im Jahr 1965

MODE-IKONE

Die Inkarnation des Zeitgeistes der 60er – Leslie Hornby, genannt Twiggy

Die zarte **Leslie Hornby** (geb. 1949) war die Kate Moss der 60er Jahre, Archetyp der unschuldigen Kindfrau mit riesigen Augen. Sie wog kaum mehr als 40 Kilo, daher der Spitzname ›Twiggy‹ (dünner Zweig), und ihr magerer, kindlicher Körper entsprach genau dem Zeitgeschmack. Als eines der ersten Models machte sie Mary Quants Minirock populär – natürlich mit dem passenden geometrischen ›Fünf-Punkte-Bubikopf‹ Vidal Sassoons (siehe S. 72). Lange vor den Supermodels der 90er war sie ein Idol, erschien auf der Titelseite des *Time Magazine*, wurde zum Gesicht des Jahres 1966 erklärt, brachte Make-up, Kleidung und Strümpfe heraus und gab sogar einer Puppe ihren Namen. ›Twiggy‹ hatte viel erreicht, als sie sich im reifen Alter von 19 Jahren aus dem Model-Busineß zurückzog.

S chon in jungen Jahren war Mary Quant von Mode begeistert und soll eine Tagesdecke, ein Familienerbstück, mit einer Nagelschere bearbeitet haben, weil sie ihr als Kleid besser gefiel. Nach dem College entwarf sie Hüte, ehe sie 1955 ihre legendäre erste Boutique ›Bazaar‹ in der Londoner King's Road eröffnete. Anfänglich verkaufte sie die Moden anderer Designer, die jedoch nicht ihrem Verständnis von einem jugendlichen Look entsprachen. Also begann sie, eigene Modelle zu produzieren.

1966 In dem Film *One Million Years BC* kämpft Raquel Welch in einem reizenden Bikini aus Wildleder gegen Dinosaurier.

1968 ›Hey Jude‹ von den Beatles ist in Großbritannien der Hit des Jahres. Vermutlich wurde er für John Lennons Sohn Julian geschrieben.

1970 In den USA sind 56% der hergestellten Fasern künstliche Chemiefasern, 1960 waren es nur 28%. Am beliebtesten ist Polyester mit 41%.

Die Kleider wurden in der Nacht genäht, gleich am Morgen in die Boutique gebracht und waren um sechs Uhr abends oft schon ausverkauft. Mit dem Geld konnte sie dann bei Harrods neuen Stoff kaufen, um die Kleider für den nächsten Tag herzustellen. In der Anfangszeit hatte Quant angeblich solche Angst vor ihren Kunden, daß sie eine Flasche Scotch unter dem Ladentisch aufbewahrte. Als jedoch das Eis gebrochen war, bekamen die Kunden auch ein Gläschen, und im ›Bazaar‹ herrschte die lockere Stimmung einer Cocktailbar.

Quant hatte keine Bedenken, mit alten Gepflogenheiten zu brechen. Sie verzichtete auf die Salonatmosphäre der traditionellen Modenschau und schickte ihre Mannequins statt zu klassischen Klängen mit Jazzmusik auf den Laufsteg. Auch ihre Kleider entsprachen genau der Zeit. Sie liebte einfache, klare Formen mit geometrischen Mustern, machte den Minirock zum alles beherrschenden Trend und leitete die Mode farbiger Strümpfe, enger Pullover mit Rip-

penmuster, gehäkelter Tops und Hüftgürtel ein. In bezug auf Materialien war sie ihrer Zeit ebenfalls voraus und experimentierte mit PVC für Regenmäntel und Stiefel.

Großen Erfolg hatte Mary Quant auch in den USA, wo sie für die Modefirma J.C. Penney entwarf und in späteren Jahren vor allem wegen ihrer farbenfrohen und preisgünstigen Kosmetikartikel bekannt war – alles natürlich mit ihrem Gänseblümchen-Logo. Sie entwirft auch heute noch, vor allem für den japanischen Markt, doch erinnern wird man sich stets an die Frau, die die Teenager-Mode erfand.

MODISCHE DETAILS

Mary Quant behauptete nie, den Mini erfunden zu haben, sondern betrachtete ihn als Leistung der jungen Mädchen des ›Swinging London‹ der 60er. Die Entwicklung des Mini wird **André Courrèges** (geb. 1923) und **John Bates** (geb. 1938) zugeschrieben, doch erst Mary Quant verhalf ihm zu weltweiter Popularität. Die ersten Modelle reichten noch ganz schicklich bis gerade über das Knie, doch zwischen 1965 und 1970 wurde der Mini immer kürzer und galt beim Establishment als ausgesprochen schockierend. Die Jugend war jedoch begeistert und machte ihn zum unverzichtbaren Kleidungsstück.

Bei dieser Rocklänge kann man zwischen Hüftgürtel und Mini kaum noch unterscheiden

85

1961 Auf dem Pariser Flughafen flieht Rudolf Nurejew vor seinen russischen Begleitern in die Arme zweier französischer Polizisten und bittet um politisches Asyl.

1967 Jacques Derridas Bücher *Die Stimme und das Phänomen*, *Grammatologie* sowie *Die Schrift und die Differenz* stellen die Prinzipien der Dekonstruktion vor.

1973 In der Rolle des lollilutschenden, glatzköpfigen Detektivs Kojak wird Telly Savalas weltberühmt. Er findet alles ›entzückend‹.

1960–1990

Haute Couture
Unbezahlbare Mode

Die Haute Couture ist der Lockvogel der Modeindustrie. Kaum ein Designer erwartet, daß die exquisiten, maßgeschneiderten Kreationen, die in Paris und Rom gezeigt werden, Profit bringen. Dennoch sind sie eine lohnende Investition, da ausgesprochen werbewirksam. Die Publicity egalisiert mit Leichtigkeit die Umkosten. Zu den wenigen, die für ein Kleid bis zu 100 000 DM zahlen, gehört die Scheichsgattin, die das teure Stück nur ein einziges Mal trägt, der Star der New Yorker Gesellschaft, der eine Cocktailparty in der Upper East Side gibt, oder die frühere Filmdiva und loyale Freundin des Designers, die einen beachtlichen Preisnachlaß erhält.

Das Publikum einer Modenschau kann manchmal interessanter als die Kleider sein

Ehe in den 50er Jahren die Konfektionsbekleidung aufkam, war die Haute Couture uneingeschränkte Herrscherin der Modewelt, und große Namen wie Dior (siehe S. 70 f.) und Pierre Balmain (siehe S. 30) bestimmten die Silhouette der reichsten Frauen. 1946 gab es weltweit 106 Couture-Häuser, 1997 waren es nur noch 18. Heutige Designer können sich glücklich schätzen, wenn sie in jeder Saison nur ein paar ihrer Haute Couture-Modelle verkaufen. Eine neue Generation von Couturiers verbindet inzwischen jedoch bestimmte Vorzüge der maßgeschneiderten Mode (etwa von Hand aufgenähte Verzierungen) mit tragbareren Kreationen. Versteht man unter der Bezeichnung ›Couture‹ jede Form von maßgeschneiderter Kleidung, wird das Angebot wesentlich breiter und gilt ebenso für ein Hochzeitskleid, auch wenn dieses in einem Schlafzimmer anprobiert und genäht wurde und nicht in einem Pariser Atelier.

1981 Frankreichs Hochgeschwindigkeitszug TGV verkehrt jetzt zwischen Paris und Lyon – mit einer Spitzengeschwindigkeit von 375 km/h.

1986 Greg LeMond gewinnt als erster Amerikaner die Tour de France.

1971 Coco Chanels letzte Worte lauten: »Siehst du, so stirbt man.«

Die Meinung der Designer

☞ »Die Haute Couture ist am Ende, denn sie ist in den Händen von Männern, die Frauen nicht leiden können.« Coco Chanel, 1967

☞ »Ein Designer, der nicht gleichzeitig Couturier ist und das Mysterium der Herstellung seiner Modelle nicht selber kennt, ist wie ein Bildhauer, der seine Zeichnungen zur Fertigstellung einem Handwerker gibt.« Yves Saint Laurent, 1984

☞ »Haute Couture sollte witzig, albern und beinahe untragbar sein.« Christian Lacroix, 1987

Wenige von uns würden für ein Kleid den Preis einer Doppelhaushälfte zahlen wollen, zumal die besten Kreationen ohnehin bald kopiert werden. Können sich auch nur ein paar Privilegierte Haute Couture leisten, macht sie doch immer wieder Schlagzeilen: Sie ist ein unverzichtbarer Nährboden für neue Ideen, repräsentiert das Höchstmaß an Phantasie in der Modebranche – Mode um ihrer selbst willen. Ein Modell der Haute Couture kann mit 500 000 Perlen besetzt sein, die von traditionsreichen Unternehmen wie Lesage (siehe Kästchen) von Hand aufgenäht wurden. Zu Werbezwecken stellen Firmen viele Meter ihrer außergewöhnlichsten Stoffe zur Verfügung, und nicht selten zieren schönste Papageienfedern den Ausschnitt eines Gaultier-Modells (siehe S. 95) oder Reihen edler venezianischer Glasperlen eine Versace-Kreation (siehe S. 126 f.). Auch wenn das neueste Chanel-Kostüm oder ein Ballkleid von Lacroix als Statussymbol dienen muß – so wie der rote Ferrari des reichen Gatten –, sind diese Stücke doch mehr als schöne Dekoration. Denn während mehrfach gereinigte Konfektionsware kaum noch einen Wert besitzt, sind Modelle der Haute Couture inzwischen eine beliebte Investition und erzielen bei Auktionen oft den ursprünglichen Preis.

Reich verzierte Mode: Lacroix ist der ›dekorativste‹ Designer der Branche

MODE-IKONE ★

Wenn Schiaparelli für ihre Mäntel aufgestickte Sternzeichen aus Gold- und Silber-Lamé wünschte oder Yves Saint Laurent für seine Abendkleider Gesichter von Picasso, wandten sie sich stets an die Pariser Firma **Lesage**. Das Haus wurde 1868 gegründet und hat schon mit allen großen Couturiers zusammengearbeitet. Seine Stickereien sind immer noch hochbegehrt, jedoch nicht billig. Wenn ein Abendkleid eine glitzernde, aber keinesfalls aufdringliche Verzierung benötigt, ist Lesage die erste Adresse.

1960 Brasilia, die von Oscar Niemeyer entworfene Stadt, wird die neue Hauptstadt Brasiliens.

1961 Für den Film *Frühstück bei Tiffany* schreibt Henry Mancini den Song ›Moon River‹.

1963 Anthony De Angelis von der Allied Crude Vegetable Oil & Refining Company wird gerichtlich verurteilt, da er für seine Salat-Dressings Meerwasser statt Öl verwendet hat.

1960er Jahre

Futuristisches Design
Courrèges, Rabanne, Cardin

Der Modernismus von Pierre Cardin (geb. 1922), André Courrèges (geb. 1923) und Paco Rabanne (geb. 1934) erscheint aus der Perspektive des strahlend angebrochenen neuen Jahrtausends als rührend unschuldig und frappierend harmlos. Die heutigen Wissenschaften und Technologien haben nur noch wenig gemein mit dem hoffnungsvollen Zukunftsglauben, den

Pierre Cardin

Rabanne mit seiner Verwendung modernster Materialien zum Ausdruck brachte. Ebenso stehen Courrèges' futuristischer Look mit Gänseblümchen-Motiven der Pop-Art wie auch Cardins kantig geometrische Kleider für den Optimismus gegenüber neuen Technologien, der die Mode der 60er Jahre erfaßte. Metall und Plastik waren damals die angesagtesten Materialien – die Frage der biologischen Abbaubarkeit spielte ja noch keine Rolle.

Paco Rabanne kennt man heute vor allem wegen seiner vielen erfolgreichen Kosmetikserien. Seine innovative Verwendung von Plastik und Metall ließ die Modeprodukte in einem ganz neuen Licht erscheinen und beeinflußte damit auch die Arbeit einer Reihe zeitgenössischer Desi-

Eine futuristisch schlichte Kreation von Courrèges aus dem Jahr 1964

gner, einschließlich *Alexander McQueen* (geb. 1969) und *Martine Sitbon* (geb. 1951). Rabanne bezeichnet sich selbst lieber als Ingenieur, und seine Kreationen ähneln eher futuristischen Prototypen als tragbarer Kleidung. 1966 soll er jeden Monat schätzungsweise 30 000 Meter Plastik für seine exzentrischen Designs verwendet haben: Halsketten aus phosphoreszierenden Plastikscheiben, die mit feinem Draht verbunden waren, oder ganze Kleider aus demselben Material, die von Metallketten zusammengehalten wurden.

Courrèges' Mode ist untrennbar mit der Erfindung des Minirocks verknüpft (siehe S. 84 f.), doch sein Verständnis von zeit-

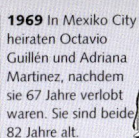

1966 A.C. Bhaktivedanta gründet die International Society for Krishna Consciousness. Er sitzt auf der Straße, singt ›Hare Krishna‹ und instruiert seine Anhänger, sich die Köpfe kahl zu scheren und safranfarbene Gewänder zu tragen.

1967 Die Havarie der Torre Canyon vor der Küste Cornwalls führt zum weltweit größten Ölteppich, der bis zur Küste Frankreichs reicht,

1969 In Mexiko City heirateten Octavio Guillén und Adriana Martinez, nachdem sie 67 Jahre verlobt waren. Sie sind beide 82 Jahre alt.

gemäßer Damenbekleidung ist in gleichem Maße Chanels Verwendung klassischer Elemente der Herrenmode (siehe S. 42 f.) verpflichtet. Seine Philosophie lautete, lieber zu befreien als einzuengen, und so schuf er eine enthüllende, kindliche Kleidung, die der Emanzipation von Playgirls und der visuellen Stimulation von Playboys diente. Heute erinnert seine Mode eher an Barbie-Outfits, doch zu seiner Zeit war ihr Stil von radikaler Einfachheit.

Pierre Cardins Leistungen werden von einer langen Reihe unter Lizenz hergestellter Produkte (siehe S. 121) überschattet, doch seine Mode ist höchster Ausdruck des geschlechtsneutralen Modernismus Mitte der 60er Jahre. Er hatte ein geradezu bildhauerisches Verständnis von Schnitt und Proportionen (vom japanischen Designer Issey Miyake wieder aufgegriffen, siehe S. 106). Sein Interesse an Kunstfasern führte 1968 zur Entwicklung seines eigenen Stoffs, eines nichtknitternden Gewebes mit erhabenen geometrischen Mustern – und dem bescheidenen Namen Cardin. Als die Beatles seine Nehru-Jacken für sich entdeckten, wurden diese schnell zum absoluten Muß für den modebewußten

Rabanne verwendete lieber eine Zange als Nadel und Faden, um seine Materialien zu verarbeiten

> **MODISCHE DETAILS**
>
> Rabannes Version des Kettenhemds, seine geraden Minikleider aus kleinen Aluminium- und Lederdreiecken, von biegsamen Drahtringen zusammengehalten, sind auch heute noch populär. Ausgesprochen schlicht war hingegen der Stil von Courrèges: Hängerkleidchen, Tuniken und Hosen, aufgenähte Taschen, breite Passen, Zickzacknaht, topfförmige Hüte und Lacklederstiefel. Cardins futuristische Astronautenlook-Kollektion zeigte Röcke über Leggings, gestrickte weiße Catsuits und röhrenförmige Strickkleider.

Paco Rabanne

Mann der 60er Jahre – natürlich mit Rollkragenpullover und Koteletten.

Die Visionen, die diese Designer in den 60er Jahren zu Vorreitern des Modernismus machten, erinnern mittlerweile eher an alte Fernsehserien. Doch ohne ihre Experimente hätte sich die Mode vielleicht nicht so schnell in eine pragmatische Richtung weiterentwickelt, und wir würden heute Hüte aus Plexiglas, Aluminiumkleider und andere unangenehm kratzende Produkte aus Synthetik tragen.

1960 Jean-Luc Godard verwendet für *A Bout de Souffle* neue Filmtechniken, um die Geschichte von einem Autodieb und seiner Freundin auf der Flucht zu erzählen.

1963 Perücken kommen in Mode. In der *Vogue* heißt es: »Ein kleiner Schwindel ist heute der größte Schick.«

1967 Weiße oder schwarze Leggings werden jetzt nicht mehr zu Stiefeln, sondern zu Lackschuhen getragen.

1960 bis heute

Yves Saint Laurent
Das zurückgezogene Genie

›Christusfigur mit Brille‹: Yves Saint Laurent 1969

Käme ein Hollywood-Studio auf die Idee, das Leben eines Modedesigners verfilmen zu wollen, so wäre die gleichermaßen tragische wie sinnenfrohe Lebensgeschichte Yves Saint Laurents (geb. 1936) der absolut ideale Stoff dafür. Auch wenn diese Geschichte viele persönliche Tiefs prägten, Yves Saint Laurents kreative Leistungen in der zweiten Hälfte des 20. Jahrhunderts waren stets von kolossaler, tiefgreifender Bedeutung. Die Kleidung der Frau wurde von ihm neu definiert, und wie seine Vorgängerin Chanel übernahm auch Saint Laurent Elemente der Männerkleidung, die er in elegante und tragbare Klassiker verwandelte, wie den Smoking für Frauen, Safarijacken oder seinen phantasiereichen Ethno-Look, mit dem er folkloristische Kleidung, vor allem aus Afrika, in westlichen Kulturen gesellschaftsfähig machte.

Nackte Eleganz

Im Jahr 1971 schockierte Yves Saint Laurent die Öffentlichkeit, indem er sich für sein neues Herrenparfum ›YSL‹ nackt fotografieren ließ. Das Foto machte sein Freund und Fotograf Jeanloup Sieff: Ein Schwarzweiß-porträt von solch graphischer Intensität, daß sogar die Adern auf Saint Laurents Hand sichtbar sind. Ursprünglich wollte Saint Laurent den Flakon zwischen seine Beine stellen, aber Sieff erklärte ihm, weshalb er das unterlassen sollte. Nichtsdestotrotz: Einige Magazine wollten die Werbung dennoch nicht abdrucken, erklärten, sie wäre für Kinder auf keine Fall akzeptabel. Andere bezeichneten ihn als ›Engelsgesicht‹ oder als ›Christusfigur mit Brille‹. Dennoch festigte die Werbekampagne Saint Laurents Ruf als kühnes und faszinierendes Vorbild der Jugend.

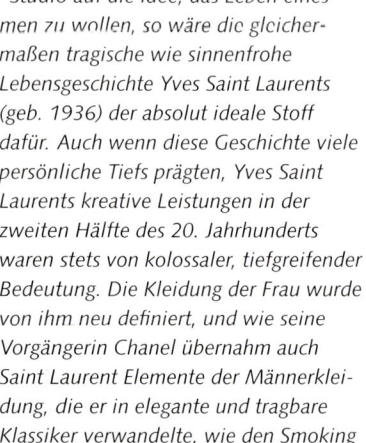

Im zarten Alter von 19 Jahren wurde Saint Laurent Modellist bei Dior. Zwei Jahre später stand er bereits im Rampenlicht der Öffentlichkeit, als Christian Dior gestorben war und er plötzlich künstlerischer Leiter des berühmtesten Pariser Couture-Hauses wurde. Nach seiner ersten Kollektion, der ›Trapez-Linie‹ von 1958, feierte man Saint Laurent enthusiastisch als Retter der Haute Couture, doch die darauffolgende ›Bogen-Linie‹ wurde bereits weniger begeistert aufgenommen. Der ›Beat Look‹ aus dem Jahr 1960 schließlich empörte die konservativen Kunden von Dior, und kurz darauf wurde Saint Laurent in die französische

1972 Viel Mitgefühl für die kleine Athletin Olga Korbut, als sie bei der Olympiade in München vom Stufenbarren fällt. Am Schwebebalken und beim Bodenturnen gewinnt sie jedoch noch Gold.

1983 David Boyce reist in 38 Minuten und 53 Sekunden von Paris nach London – mit Motorrad, Hubschrauber und Hawker Hunter Jet

1996 In der Pariser Metro explodiert eine Bombe. Zwei Menschen werden getötet, 50 verletzt.

Armee eingezogen. Nach weniger als drei Wochen erlitt er dort einen Nervenzusammenbruch und verbrachte die folgenden anderthalb Monate unter Beruhigungsmitteln und bettlägerig in einer Nervenheilanstalt. 1961 folgten jedoch wieder bessere Zeiten: Er gewann ein Verfahren gegen Dior, und zusammen mit seinem Geschäfts- und Lebenspartner Pierre Bergé gründete er sein eigenes Modeimperium.

In den 60er Jahren reihte er einen Erfolg an den anderen und eröffnete 1966 die Rive Gauche Boutique für Prêt-à-porter. Sein Parfüm ›Y‹ war das erste einer langen Reihe von Duftkreationen. Mit wachsendem kommerziellen Erfolg zog er sich im folgenden Jahrzehnt jedoch mehr und mehr zurück, und seine Abhängigkeit von Aufputsch- und Beruhigungsmitteln wuchs. Wie Bergé es beschrieb, litt er oft unter ›totaler nervlicher Erschöpfung‹. In den späten 90ern erlebte Saint Laurent eine Renaissance. Die von ihm geschaffene Prêt-à-porter übergab er dem Israelo-Amerikaner Alber Elbaz, und seine angeschlagene Gesundheit scheint inzwischen wiederhergestellt. Auch wenn er heute vor allem seine klassischen Kreationen neu interpretiert, ist er immer noch einer der einflußreichsten Modeschöpfer und Vorbild vieler neuer internationaler Designer. Sein Gefühl für Farbe, Schnitt und Eleganz haben ihn bei Millionen beliebt gemacht, seine Parfüms sind wahre Klassiker, und sein ebenso tragisches wie sinnenfrohes Leben ist längst Legende.

Der Smoking für die Dame mit Pelzboa von 1971

MODE-IKONE ★

In den 60er Jahren begann die bis heute andauernde Freundschaft zwischen Saint Laurent und der französischen Schauspielerin **Catherine Deneuve** (geb. 1943), die in dem gefeierten Film *Belle de Jour* seine Kleidung trug. Sie wurde seine Muse und ›vendeuse mondaine‹, was bedeutete, daß sie seine Kreationen auf den ›richtigen‹ Partys zeigte. Ähnliche berühmte Partnerschaften gingen Prinzessin Caroline von Monaco und Dior, Elizabeth Taylor und Valentino sowie Liz Hurley und Versace (siehe S. 126) ein.

Deneuve als gelangweilte Hausfrau, die zur Prostituierten wird

1964 Die erste Ausgabe von ›Top of the Pops‹ wird gesendet. Dusty Springfield, die Rolling Stones, die Hollies und die Dave Clarke Five sind vertreten.

1965 Der Designer Rudi Gernreich behauptet: »BHs erinnern immer an Silvesterkopfschmuck.«

1969 Die ersten ›hot pants‹ kommen auf. Sie werden unter vorne geknöpften Röcken getragen. Ihren Namen bekommen sie 1971 von der *Women´s Daily Wear*.

1960–1985

Disco Dollies
Disco-Fieber im Stretch-Look

John Travolta in typischer Tanzpose. Der Film *Saturday Night Fever* von 1977 ist längst Kult

Obwohl die Ursprünge in der Tanzkultur der 60er Jahre zu suchen sind, begann das Disco-Fieber 1973 als Untergrundbewegung. Als die Welt John Travolta 1977 in weißem Anzug und schwarzem Hemd im Kultfilm Saturday Night Fever sah, herrschte jedoch schon überall Disco-Fieber. Das typische glamouröse Disco-Styling war jedoch für den Alltag absolut untauglich.

Norma Kamali

Norma Kamali (geb. 1945) eröffnete 1967 ihre erste Boutique und hatte sich mit ihren faszinierenden, aufsehenerregenden Modellen bald als Star-Designerin etabliert. Ihre Mode war für die Disco-Ära wie geschaffen, ob Wickelröcke aus Gold-Lamé, ihre Vorliebe für Leopardenfell oder ihre kultverdächtigen Jumpsuits aus Nylon, die man am Hals offen trug. Auch der Minirock wurde von ihr für die Disco-Generation neu erfunden. Kamali führte die breiten Schulterpolster ein, die in den frühen 80er Jahren so populär werden sollten und bevorzugte den widerstandsfähigen Jersey (der sogar Travoltas Tanzposen aushielt).

Die Disco war Ausdruck eines neuen Lebensgefühls: Es gab spezielle Tanzmusik, und das Tanzen selbst wurde zum Multimedia-Erlebnis mit Stroboskop-Lampen, Spiegelkugeln und Trockeneis. Dieser theatralische Stil der Discos verlangte natürlich auch nach einer Kleidung, die der zunehmenden Körperästhetik (siehe auch S. 102 f.) standhalten und sie gleichzeitig richtig zur Geltung bringen, sie unterstützen konnte. Moderner Disco-Look ließ die Geschlechtergrenzen verschwim-

1971 Vivienne Westwood und Malcolm McLaren eröffnen in Londons King's Road das Geschäft ›Let It Rock‹. Im folgenden Jahr benennen sie es um in ›Too Fast to Live, Too Young to Die‹.

1973 Pina Bausch gründet das Tanztheater Wuppertal. Die Ballett-Truppe arbeitet mit experimenteller Körpersprache und expressionistischen Bewegungen.

1985 Treibgas, Kühlschränke und Styropor werden für das Ozonloch verantwortlich gemacht.

men, schwelgte in einer neuen Beweglichkeit und wurde von Theaterkostümen inspiriert. Obwohl den 70er Jahren oft jeglicher Stil abgesprochen wird, beeinflußt die Disco-Kleidung noch immer die Mode, und sie war vielleicht der erste amerikanische Look, den man in Europa vielfach kopierte.

Zum typischen Disco-Look gehörten Jumpsuits, Wickelröcke, kurze T-Shirts, die man über den Bodys trug, und ultrakurze ›hot pants‹. Stretch gab der Kleidung Elastizität (sehr beliebt waren Lurex, Rayon und Lycra), und die Disco-Beleuchtung schrie förmlich nach glitzernden Pailletten, Straß, bunten Aufdrucken, Body-Glitter und Lippenglanz. Das Haar wurde geflochten und mit Perlen geschmückt oder mit farbigem Spray behandelt.

Disco-Designer

Zwar kreierten Disco-Fans meist ihren eigenen Look, doch mehrere Designer ließen sich von der Begeisterung an-

stecken. *Stephen Burrows* (geb. 1943) wird mit seiner legeren, körperbetonten Kleidung mit dem Disco-Stil in Verbindung gebracht, und *Betsey Johnson* (geb. 1942) widmete sich nach den ›Swinging 60s‹ sofort der Disco-Mode, die perfekt zu ihrer farbenfrohen Jerseykleidung paßte.

Bo Derek mit Zöpfchenfrisur in dem Film *10 – Die Traumfrau*

Roller-Disco: Hier brachen sich so manche die Knöchel

MODE-IKONE

★

Studio 54 war die Disco der 70er Jahre. Der Nachtclub hatte 1977 in einem leerstehenden New Yorker Theater eröffnet und wurde von dem extrovertierten Steve Rubell geleitet. Hier zeigten sich alle, die gesehen werden wollten: Die Tanzfläche war von einem Balkon umgeben, und es gab eine VIP-Lounge für Prominente wie Calvin Klein, Andy Warhol, Bianca (und Mick) Jagger und Liza Minelli. Obwohl das Studio 54 nicht einmal zwei Jahre geöffnet blieb, ist es in den USA und Europa tausendfach nachgeahmt worden.

1966 In Londons East End wird George Cornell von den Kray-Zwillingen erschossen.

1970 Bei Unruhen in Belfast setzt die britische Armee erstmals Gummigeschosse ein.

1977 Rita Hayworths Tochter Yasmin wird als gesetzlicher Vormund ihrer Mutter eingesetzt, während diese wegen Alkoholismus behandelt wird.

1960 bis heute

Leder, Gummi und Plastik
Der Fetisch-Look

Fetisch-Kleidung bestand früher aus kleinen Gummi- und Ledermodellen, die man heimlich kaufte und nur in speziellen Clubs oder in privater Atmosphäre zu Hause trug – und die vom Rest der Gesellschaft schlichtweg ignoriert wurden. Zu Beginn der 90er Jahre änderte sich jedoch die allgemeine Einstellung zum Fetisch. Leder und Gummi wurden aus dem Versteck geholt, und Designer von Helmut Lang (geb. 1956) bis Thierry Mugler (geb. 1948) begannen mit einigen ausgefalleneren Formen von S&M zu experimentieren.

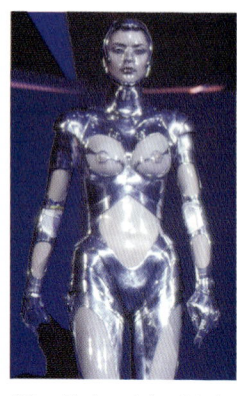

Thierry Mugler zwischen Futurismus und S&M: Seine Kreationen sind dafür bekannt, den weiblichen Körper zu akzentuieren

Ursprünglich gab die Kleidung, die in Bondage- und S&M-Clubs wie Londons berühmtem Skin Two getragen wurde, genau kodierte Auskunft über den jeweils bevorzugten Fetisch. Die Domina trug Hundeleinen für ihre Sklaven, das Korsett war, als Symbol weiblicher Macht, umgestülpt, und die hohen Schuhe mit unglaublich spitzen Pfennigabsätzen waren für Fuß-Fetischisten das allerhöchste. Pornographische Aufnahmen wurden unter dem Ladentisch weitergereicht, und es war nur eine Frage der Zeit, bis die ersten Fotografen und auch Designer darauf reagieren würden.

Vivienne Westwood (geb. 1941) übernahm Elemente des Fetisch-Looks für ihre

MODISCHE DETAILS

Die Verbindung zwischen Leder und S&M begann Mitte der 60er Jahre, als Honor Blackman in dem Bondfilm *Goldfinger* (1964) im engen schwarzen Lederanzug auftrat. Diana Rigg sorgte in ihren gewagten Plastik- und Lederkreationen in der Kultserie *Mit Schirm, Charme und Melone* für Aufsehen. Die Welt des Pop entdeckte die gewünschte Schockwirkung von Leder, als Marianne Faithful in dem Film *Girl on a Motorcycle* (1968) überwiegend Leder trug.

Rock-'n'-Roll-Idol Marianne Faithful im Leder-Outfit

1982 Grace Kelly, Fürstin von Monaco, kommt ums Leben, als ihr Auto im Fürstentum in einer engen Kurve von der Straße abkommt.

1990 Der Satz »eine verflixt gute Tasse Kaffee« aus der absurden US-Kultserie *Twin Peaks* wird zum geflügelten Wort.

1997 Der Rockstar Michael Hutchence wird in seinem Hotelzimmer in Sydney erhängt aufgefunden.

Punk-Kollektionen, etwa Hosen mit Guckloch oder PVC-Tops. Pam Hogg griff Westwoods Verbindung von Punk und S&M auf und produzierte in den 80ern mehrere Kollektionen mit Fetisch-Elementen. *Helmut Lang* (siehe S. 116 f.) vermischte unterschiedliche Materialien und hob die Grenzen zwischen Männer- und Frauenkleidung auf. Mit stark strukturiertem Leder, breiten Schultern und gelegentlichen Polstern schlugen *Claude Montana* (geb. 1949) und Thierry Mugler die Brücke zur ›normalen‹ Mode.

Enfant terrible *Jean Paul Gaultier* (geb. 1952) amüsierte sich mit Sex-Club-Mode, und schließlich sah man den Look der Subkultur im typischen Korsett-Stil auch in den Geschäften. 1995 war der Fetisch-Look bereits im gewöhnlichen Handel erhältlich – es gab billigere und bequemere Neuerungen aus Gummi, Latex und Plastik (man war nicht länger auf Talkumpuder angewiesen, um ganz sachte und vorsichtig in Sachen hineinkriechen zu können). Catsuits und Kleider aus PVC, Pfennigabsätze und Schnürstiefel, ›hot pants‹ oder Hosen aus Leder, Korsetts und BHs

MODE-IKONE ★

Sie sucht stets nach Möglichkeiten, sich neu zu erfinden, und verhalf der Fetisch-Kleidung dadurch zu mehr Popularität als irgend jemand sonst. Mit Unterstützung von Jean Paul Gaultier wurde die *Blonde Ambition Tour* (1990) der Pop-Königin **Madonna** zum Fetisch-Fest mit spitzen, konischen BHs in Gold und Rosa. Madonna spielte auf der Bühne die Domina, schlug ihre Tänzer bis zur Ekstase und zeigte unter ihrem zerfetzten Kostüm einen schwarzen Bondage-BH. Auch in ihrem vieldiskutierten Buch *Sex* ließ sie ihren Phantasien in puncto S&M freien Lauf.

Madonnas diverse Image-Wechsel sind oft beeindruckender als ihre Musik

aus Gummi werden inzwischen von Designern wie *Paco Rabanne* (geb. 1934) oder *Azzedine Alaïa* (geb. 1940) auf dem Laufsteg gezeigt. Auch brave Mädchen können dem Reiz von Gummihosen heute nicht mehr widerstehen.

95

2000 v. Chr. In Indien wird die erste Schönheitsoperation an einer Nase durchgeführt.

1955 Die US-amerikanische Sängerin Diamanda Galàs wird geboren. Eine Tätowierung über ihren Fingerknöcheln wird lauten: ›Wir sind alle HIV positiv.‹

1990 Johnny Depp soll ein Tattoo mit dem Namen Winona haben – zu Ehren seiner Noch-Freundin Winona Ryder.

2000 v. Chr. bis heute

Bestechendes Outfit

Tätowierungen und anderer Körperschmuck

Schnitt wie vorgezeichnet – Orlan plant ihre nächste Schönheitsoperation

Schon seit Urzeiten schmücken die Menschen ihre Körper mit Tätowierungen und anderen Verzierungen. Doch erst gegen Ende des 20. Jahrhunderts wurden sie zum hochmodernen Körperschmuck, ob es sich nun um den winzigen Schmetterling am Fußgelenk eines Supermodels handelt oder um eine vollständige Neugestaltung des Gesichts: Die französische Performance-Künstlerin Orlan hat mindestens neun Schönheitsoperationen hinter sich, die ihr unter anderem die Züge Mona Lisas verleihen sollten.

Wer in sein will...

Neben den traditionellen Piercings und Tattoos gibt es auch schon neue, immer beliebter werdende Methoden der ›Körperbehandlung‹. Dazu gehört zum Beispiel die ›scarification‹, bei der man der Haut Schnitte zufügt und den Heilungsprozeß stört, damit sich große, dekorative Narben bilden. Eine weitere Methode ist das ›branding‹. Hierbei wird mit heißem Metall ein Brandzeichen in die Haut eingebrannt. (Ein Handbuch für Tätowierungen rät, diese Technik zuerst an einer Hühnerbrust zu üben – mit dem Zusatz, daß Vegetarier natürlich auch Tofu verwenden können.)

D ie Einstellung gegenüber Körperschmuck hat sich in den letzten Jahrzehnten erheblich gewandelt. Eine Tätowierung hat heute nur noch wenig gemein mit den Motiven, die einst von Seeleuten und Soldaten bevorzugt wurden, sondern stellt eine Art Würdigung ethnischer Gruppen dar. Populär wurde das Tattoo durch den wachsenden Tourismus und durch die Hippie-Generation der 60er, die ›beständigen‹ Schmuck schätzte. Eine Tätowierung ist ein dauerhaftes Symbol des Selbst, ob es sich nun um ein diskretes keltisches Kreuz am Oberarm handelt oder

Das perfekte Tattoo, um ein Zeichen zu setzen – aber bitte diskret

1991 Im Ötztal wird eine 5000 Jahre alte Leiche gefunden. ›Ötzi‹ hat Tätowierungen am Rücken, an den Knien und Fußgelenken.

1994 Marge Schott, die Besitzerin des Cincinatti Reds Baseballteams, erklärt, warum sich ihre Spieler keine Ohrlöcher stechen lassen dürfen: »Nur Früchtchen tragen Ohrringe.«

um ein echtes Kunstwerk aus 14 Farben, von einem geduldigen und detailfreudigen alten Meister hergestellt. Sie kann eine Art Bruderschaft symbolisieren, so wie bei den Mitgliedern der japanischen Yakuza, rein dekorative Zwecke haben oder nach zwei Wochen garantiert wieder verblassen. Ironischerweise begegnet man traditionellen Ethno-Tattoos viel häufiger in westlichen Tattoo-Studios als in ihren Ursprungsländern, wo diese alten Formen des Körperschmucks immer mehr abgelehnt werden.

Auch die Beliebtheit des Piercing nimmt kontinuierlich zu. Bereits die römischen Zenturios trugen Ringe durch ihre Brustwarzen, um daran die Gewänder zu befestigen; ebenso war eine Piercing-Form des Penis *(apadrayva)* aus dem *Kama Sutra* weitverbreitet. Das Stechen von Ohrlöchern ist längst alltäglich – auch bei Kleinkindern, aber gepierce Nabel, Augenbrauen und Nasen wurden erst durch Punk-Ikonen wie die Sex Pistols und ihre Vorliebe für Sicherheitsnadeln (siehe S. 108 f.) populär. Dank der neuen ›Girl Power‹ von Gruppen wie den Spice Girls (siehe S. 41) wünschen sich nun auch schon siebenjährige Mädchen gepiercte Zungen. Intimere Verzierungen wie das Prince-Albert-Piercing (siehe Kästchen) sind ebenfalls sehr beliebt, da sie beim Sex zu einem gesteigerten Lustgefühl führen sollen.

Schließlich gibt es noch die selbstgemachte Tätowierung, für die man nichts weiter benötigt als einen Zirkel, chinesische Tusche und einen niedrigen IQ. Zum Glück steht allen, die eine unüberlegte

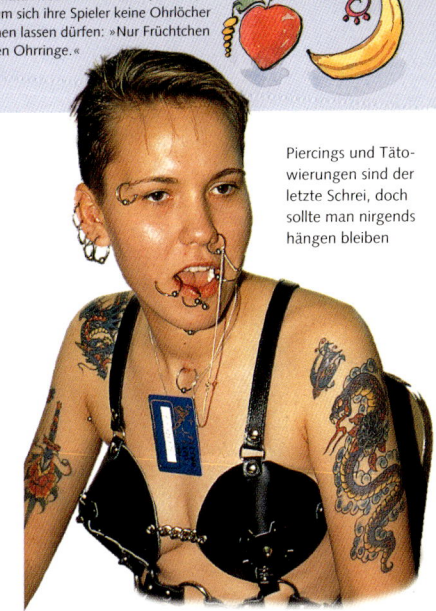

Piercings und Tätowierungen sind der letzte Schrei, doch sollte man nirgends hängen bleiben

Tätowierung aus ihrer Teenagerzeit gern rückgängig machen wollen, inzwischen die Tätowierungsentfernung mittels Laserchirurgie zur Verfügung. Doch die Beseitigung dessen, was einmal 150 Mark gekostet hat, kann sich jetzt durchaus auf über 3000 Mark belaufen.

MODISCHE DETAILS

Für das Prince-Albert-Piercing wird ein Ring durch die Harnröhre eingeführt, der beweglich bleibt. Im viktorianischen England konnten die Männer ihren Penis damit am Bein festbinden, damit sich dieser in engen Hosen so wenig wie möglich abdrückte. Gerüchten zufolge trug Prinzgemahl Albert einen solchen Ring, um aus hygienischen Gründen seine Vorhaut zurückzuziehen.

1964 Tierfreunde protestieren, nachdem US-Präsident Johnson während einer Pressekonferenz im Weißen Haus seine beiden Beagles an den Ohren in die Höhe zieht.

1964 Roy Lichtenstein malt das Bild *Good Morning, Darling* im Comic-Stil. Er läßt sich von der Massenproduktion, zum Beispiel Kaugummiverpackungen, anregen.

1965 Die erste Ausgabe des Magazins *Cosmopolitan* fordert die Leser auf: »Genießt das Leben, bleibt ledig und habt Sex. «

1964–1967

Factory-Stil
Andy Warhols Pop-Art-Mode

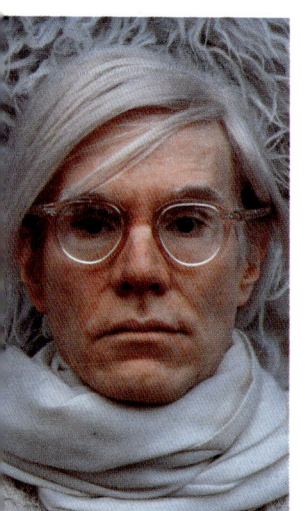

Seit den 20er Jahren hatte kein Künstler mehr solchen Einfluß auf die Modewelt gehabt wie Andy Warhol (1928–1987) in den 60ern. Er bewegte sich ganz selbstverständlich zwischen der Mode-, Film- und Kunstszene hin und her und vermischte die Bildersprachen der verschiedenen Genres mit schönster Detailfreude. Experimentieren war sein Motto – mit Kleidern aus Papier, Plastik und Kunstleder, mit grellen Farben und psychedelischen Drucken. Seine Siebdrucke eignen sich gut zur Reproduktion auf Textil.

Andy Warhol in klassischer Pose mit silberfarbenem Haar und rätselhaftem Blick

Andy Warhol war zeit seines Lebens von Mode besessen gewesen. Schon in jungen Jahren war er Modezeichner bei I. Miller Shoe und arbeitete außerdem mit dem Designer Stephen Bruce zusammen, der in den frühen 60ern von Warhol entworfene Stoffe für seine Kleider verwendete. 1965 hatte Warhol die berühmte Factory aufgebaut, ein Fabrikgebäude mit silberfarbenen Wänden. Hier versammelte er zahlreiche Prominente um sich, die jahrelang den New Yorker Geschmack diktierten, und manchmal wurden seine grotesken Kreationen ebenso heiß diskutiert wie seine Kunst.

Betsey Johnson

Betsey Johnson (geb. 1942) und Warhol verband die gleiche Liebe zum Experimentieren. (Außerdem war Johnson mit John Cale verheiratet, einem Mitglied von The Velvet Underground, einer angesagten New Yorker Band, die wiederum der Factory sehr nahestand.) Warhol war hingerissen von Johnsons Kleidern aus Alufolie. Ab 1965 verkaufte sie ihre Kreationen in der berühmten New Yorker Boutique ›Paraphernalia‹, deren Angebot Warhols Vorstellungen von Mode genau entsprach: Kleidung aus Plastik, Papier, Metall und sogar mit elektrischen Lichtern. Warhols bevorzugter Silberfarbton war überall vertreten. Johnson entwarf auch ein ›Lärm-Kleid‹, an dessen Saum kleine Metallösen befestigt waren.

Johnson-Design – ist es eine Gasmaske oder plant sie einen Bankraub?

1965 Sonny und Chers Song ›I Got You Babe‹ wird Tophit der US-Charts.

1966 Die US-amerikanische Kosmetikerin Elizabeth Arden stirbt.

1967 Nachdem Regierungstruppen den Revolutionär Che Guevara in Bolivien erschossen haben, kommen T-Shirts mit der Aufschrift ›Che lebt‹ in Mode.

Stilexperimente

Warhol experimentierte mit der Mode wie mit der Kunst und stellte aus seinen Pop-Art-Drucken Kleider her, darunter *S&H Green Stamps, Fragile* und *Brillo*. Beeinflußt wurde sein Factory-Look vom Glamour der Hollywoodstars: Zu engen Kleidern trug man Pelzmäntel, die Ohrringe waren riesig und das Make-up übertrieben. Die Factory-Mitglieder Edie Sedgwick und Baby Jane Holzer machten den Stil bekannt und wurden in den Modemagazinen häufig kritisch geprüft. Warhol selbst stand immer im Mittelpunkt des Geschehens und überwachte jeden Schritt seiner Gruppe.

Auch andere Designer griffen seine Experimente auf. Halston (siehe S. 64 f.) verwendete Warhols Siebdrucke mit den berühmten Blumenmotiven für Kleider und Schals, *Stephen Sprouse* (geb. 1953) und auch *Anna Sui* (geb. 1955) experimentierten wiederum mit seinen Camouflage-Bildern. Warhols Siebdrucke mit Dollarnoten, Campbell's Suppendosen und Bananen

Von Warhol inspiriert – richtig gekleidet für den Cocktail in Peking

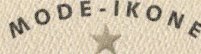

MODE-IKONE

Edie Sedgwick (1943–1971) verkörperte wie keine andere den Stil der Factory. Die Tochter wohlhabender Eltern wurde ein gefragtes New Yorker Model und arbeitete für Designer wie Betsey Johnson. Außerdem erschien sie regelmäßig im Magazin *Life* und trat in mehreren Filmen Warhols auf, einschließlich *Poor Little Rich Girl* sowie dem ultimativen Factory-Film *Ciao, Manhattan*. Ihr Look mit kurzgeschnittenem, gebleichtem Haar, grellem Make-up im Stil der 60er, riesigen Ohrringen und hautengen Miniröcken fand weltweit Nachahmung.

Eine etwas alberne Streitszene aus dem Factory-Film *Ciao, Manhattan*

zierten unzählige T-Shirts. Am bekanntesten ist vielleicht immer noch Naomi Campbells Auftritt von 1991 in einer hautengen Kreation von Versace (siehe S. 126 f.) mit Warhols wohl berühmtesten Motiv – dem Porträt von Marilyn Monroe.

99

1969 Knopffabrikant N.G. Slater produziert eine Auswahl von Knöpfen mit ›Smiley‹, dem lächelnden Gesicht. 1971 sind bereits über 20 Millionen Knöpfe verkauft.

1970 Batikstoffe, in den 60ern von den Hippies populär gemacht, sind groß in Mode, nachdem Halston für seine prominenten Kunden daraus Blusen und Schals entwarf.

1971 Ex-Beatle George Har... organisiert für Bangladesch e Benefizkonzert mit Ravi Shar Ringo Starr und Eric Clapton.

1969–1975
Flower-Power und Drogen
Die Mode der Hippie-Bewegung

In der Stadt San Francisco mischte man in den 60er Jahren ein wenig östliche Philosophie mit etwas Pazifismus, Poesie, Rockmusik und Drogen, und schon war ein neuer Modestil geboren, der auch nach mehr als 20 Jahren noch Wirkung zeigt. Baumwolltücher, bunte Perlenketten und Kaftane erobern heute bereits wieder die Laufstege.

John und Paul im unver kennbaren Hippie-Look Den bonzig gekleideten Typ in der Mitte kennen wir aber doch auch?

Thea Porter in ihrem Harem-Look von 1971

Zigeuner-Look

Thea Porter (geb. 1927) wurde in Damaskus geboren, studierte in London, übersiedelte nach Beirut und eröffnete schließlich in London eine Boutique, in der sie türkische und arabische Textilien verkaufte. Inspiriert von ihren Reisen hatte sie 1964 begonnen, Kleider zu entwerfen, und ihre eleganten Kaftane und Ethno-Drucke entsprachen genau dem Hippie-Geschmack und dem Interesse an östlichen Kulturen. Porters Look war sehr beliebt, vor allem Abendkleider aus Chiffon, Brokat, Samt sowie mit reichen Ethno-Stickereien. Mit dem Zigeuner-Look führte sie auch einen weiteren typischen Hippie-Stil ein. Dazu gehörten Kleider mit Volantröcken, Puffärmel und die typischen Mieder.

Ihren Anfang nahm die Hippie-Bewegung im idealistischen Kommunenleben des Haight-Ashbury-Distrikts in San Francisco. Die ersten Hippies machten sich allerdings weniger Gedanken um Mode als um eine alternative Lebensweise. Sie verurteilten das Konsumverhalten der Amerikaner und suchten bei den östlichen Philosophien nach Inspiration, reisten mit dem Caravan nach Afghanistan und Indien und entdeckten den Buddhismus oder andere religiöse Lehren wie die Hare-Krishna-Bewegung. Dieses starke Interesse an östlichen Kulturen führte wahrscheinlich ganz unvermeidlich zur Entwicklung eines Ethno-Looks mit bunten Kaftanen, Blumenmustern und Friedenssymbolen. Hinzu kamen jedoch zahlreiche Elemente

1972 Der tropische Sturm Agnes tötet im Osten der USA 134 Menschen.

1973 In der südlichen Sahara kann man die längste Sonnenfinsternis der Geschichte erleben.

1972 Der englische Gerontologe Alex Comfort verfaßt *The Joy of Sex*, das für Jahrzehnte zur unverzichtbaren Bettlektüre wird.

einer ›Anti-Mode‹, etwa weite Jeans, Reihen bunter Perlenketten, langes, wehendes Haar, nackte Füße, Armeekleidung sowie Patchwork und Batikstoffe. Die Frauen fanden außerdem an nostalgisch-romantischen, meist waden-langen Kleidern Gefallen, die *Laura Ashley* (1925–1985) populär gemacht hatte.

1967 war das neue Lebensge-fühl von Flower-Power bereits weitverbreitet, in London schos-sen Hippie-Boutiquen wie ›I was Lord Kitchener´s Valet‹ und ›Granny Takes a Trip‹ aus dem Boden. Hippie-Bewegung und Drogenkultur begannen sich zu vermi-schen, letztere hatte eine große Wirkung auf den Hippie-Stil – ebenso wie die neue Unisex-Mode und die BH-Freiheit, die das wachsende Interesse an der Frauenbewe-gung wiederspiegelte.

Der Drogenkonsum war eine Erscheinung der Popmusikszene jener Zeit. Stars wie Jimi Hendrix, Bob Dylan und Janis Joplin trugen alle ihren Teil zum

Jimi Hendrix im Bandleader-Outfit: Er war einer der Stars der Hippie-Bewegung

MODE-IKONE ★

Janis Joplins leidenschaftliche Blues-Songs und ihre Alkohol- und Drogensucht machten sie zu einer Kultfigur der Hippie-Bewegung. Die Songs ›Ball and Chain‹ und ›Get It While You Can‹ waren zu ihrer Zeit Mega-Hits. Ihr persönlicher Stil ent-sprach der zeit-gemäßen Ab-lehnung des feminin-puppen-haften Looks, sie bevorzugte neu-trale Westen, Samt und die charakteristische Langhaarfrisur mit Mittelschei-tel. Joplin starb 1970 an einer Überdosis Heroin.

Janis Joplin ging ihren eigenen Weg

Hippie-Look bei – ob mit hautengen Hosen, abstrakten Mustern oder leuchten-den Farben, wozu sie ihre LSD-Trips anreg-ten. Die kühnen, vielfarbigen Drucke von *Emilio Pucci* (1914–1992) haben heute noch Sammlerwert. Der frühe Tod von Stars wie Hendrix und Joplin setzte der Bewegung jedoch bald ein Ende. Die Hippies wurden erwachsen und Teil der Konsumgesell-schaft. Der Stil beeinflußt aber auch heute noch die Designer. *Anna Sui* (geb. 1955) präsentierte 1993 Kleider im Hippie-Look, und Gucci erweckte 1999 die bestickten Jeans zu neuem Leben.

1971 Ein Mann springt mit dem Fallschirm und 200 000 Dollar Lösegeld aus einer Boeing 727, nachdem er behauptet hat, daß seine Aktentasche eine Bombe enthält.

1975 Britische Feministinnen sind empört über Tammy Wynettes Single ›Stand by Your Man‹.

1982 Bei ungewollten Fettpölsterchen bieten europäische Ärzte die Fettabsaugung an.

1970–1990

Hauptsache Aerobic
Sportkleidung und mehr

An dem schicksalshaften Tag, als Jane Fonda (geb. 1937) ihre Zuschauer zum ersten Mal aufforderte, ›ihren Körper zu trainieren‹, wurde eine neue Form von Mode geboren. Aerobic und der spezielle Sport-Dreß, den dieses Fitneßtraining in den 80er Jahren hervorbrachte, bescherten der Mode ein neues Körperbewußtsein. Sportkleidung wurde zu einer Art Grundausstattung und konnte – mit der richtigen Figur – nun auch außerhalb der Trainingsräume getragen werden.

Bei Trainingsschuhen liegt Sportausrüster Nike vorne

Sportkleidung für Aerobic war eine frühe Form dessen, was heute gern als ›Pro-Active Sportswear‹ bezeichnet wird: Kleidung, die für Sportler entworfen wurde, sich aber ebenso als modisches Outfit eignet. In dem US-Film *Perfect* von 1985 spielt John Travolta einen Journalisten, der das Single-Dasein in der Welt der Fitneßclubs beleuchtet. Die Kamera ruht zwar die meiste Zeit auf Travoltas Partnerin Jamie Lee Curtis im hautengen Leotard, doch die überwältigende Botschaft des Films lautet, daß man dem Lebenspartner längst nicht mehr in der Kirche, sondern beim Karottensaft im Fitneß-Center begegnet.

MODISCHE DETAILS

Norma Kamali war die erste Designerin, die den Sweatshirtstoff von den Sportplätzen in die Boutiquen brachte. (Nur Studenten trugen vorher schon Sweatshirts – natürlich mit dem Namen ihrer Universität.) 1981 lancierte Donna Karan eine Kollektion mit 35 Modellen aus Sweatshirtstoff; inzwischen ist der Trainingsanzug ebenso beliebt wie die Jeanskombination.

Jamie Lee Curtis im Aerobic-Outfit: Der Film *Perfect* beeinflußte viele Sportbegeisterte

102

1983 Durch den Film *Flashdance* über eine hoffnungsvolle junge Tänzerin kommen kurze Sweatshirts, enge Hosen und Stulpen in Mode.

1986 Nikotin-Kaugummis werden eingeführt, um Rauchern das Aufhören zu erleichtern.

1989 Eine holländische Firma stellt einen 8 km langen Reißverschluß her und legt ihn um das Zentrum der Stadt Sneek. Er besteht aus 2,5 Mio. Zähnen.

Auf Erfolgskurs

Seit jenem Tag im Jahr 1971, als der Mitbegründer von Nike, Bill Bowerman, flüssigen Gummi auf ein Waffeleisen goß, um die Sohle eines Trainingsschuhs zu verbessern, hat sich bei der Sportkleidung viel getan. Inzwischen macht Nike Billionenumsätze – die Niederlassung in Tokio nahm in den ersten drei Tagen bereits eine Million Dollar ein. Viele Kunden, die das berühmte Nike-Logo (siehe S. 40) tragen, waren jedoch noch nie in der Nähe eines Sportplatzes: Sportswear ist nun mal für alle da.

Heutzutage profitiert die Modeindustrie in zunehmendem Maße von der Werbewirksamkeit des Sports. Für hochmoderne High-Tech-Materialien werden dank ausgeklügelter Marketing-Strategien nun auch neue Zielgruppen, etwa die ›Third-Agers‹ (ältere Menschen), erschlossen. Für relativ neue Sportarten wie Windsurfen und Snowboarding existiert längst eine eigene Bekleidungsindustrie, und die wachsende Zahl der Rentner in den westlichen Industriestaaten hat ein breites Angebot an pflegeleichter Freizeitkleidung entstehen lassen.

Diese ›Symbiose‹ von Sport und Mode war für beide Wirtschaftszweige von Vorteil. Während der Aerobic-Welle Mitte der 80er Jahre kombinierten amerikanische Mode-Designer wie Donna Karan (siehe S. 104) und *Norma Kamali* (geb. 1945) Stretch mit Luxusmaterialien, damit die Trainingsbesessenen jederzeit viel Bewegungsfreiheit hatten. Seit einigen Jahren produzieren auch italienische Labels wie Prada und Miu Miu Bergschuhe und ähnliche Accessoires, die man eigentlich eher von Sportausrüstern als von Modehäusern erwarten würde. Das 1997 lancierte Prada Sport sei hier stellvertretend für eine Reihe neuer Labels genannt, die für den lukrativen Markt der Sportkleidung geschaffen wurden. Ebenso

profitabel ist aber auch das Geschäft mit Retro- und Markenartikeln. Sportschuhe einer limitierten Marke können für viele hundert Mark gehandelt werden, denn die Bedeutung der richtigen Trainingsschuhe kann man nicht hoch genug einschätzen (siehe S. 41). Offenbar hat Jane Fondas hartes Training nicht nur für ein allgemein gesteigertes Körperbewußtsein gesorgt, sondern vor allem die äußerst produktive Annäherung von Sport und Mode eingeleitet.

Aerobic-Ikone Jane Fonda in dynamischer Pose

1950 Als das Gesundheitsamt der USA empfiehlt, Trinkwasser mit Fluor zu versetzen, sieht die John-Birch-Gesellschaft darin ein Komplott der Kommunisten, und Mütter protestieren: »Aufgezwungene medizinische Behandlung ist unamerikanisch.«

1951 Der US-Fernsehsender CBS führt das Farbfernsehen ein. Wer es sich nicht leisten kann, klebt Plastikfolie in den Regenbogenfarben auf den Bildschirm.

1954 In *Die Faust im Nacken* spielt Marlon Brando einen Dockarbeiter, der gegen einen korrupten Arbeitgeber kämpft. Für diese Rolle erhält er den Oscar.

1970–1990

Amerikas große Vier
›All-American Style‹

Die großen Vier der USA

Die Briten haben die Mode erfunden, die Franzosen verhalfen ihr zu Ruhm, und die Italiener gaben ihr den letzten Schliff, doch vermarktet wird sie von den Amerikanern, vor allem von den Göttern der New Yorker Seventh Avenue. Calvin Klein (geb. 1942), Ralph Lauren (geb. 1939), Tommy Hilfiger (geb. 1952) und Donna Karan (geb. 1948) sind keine kreativen Genies, aber dennoch ›genial‹. Klein ist ein Marketing-Genie, Lauren ein Genie der Interpretation, Hilfiger erneuerte den amerikanischen Preppy-Look, und Karan wußte genau, welche Mode sich berufstätige Frauen wünschten.

Alle vier stehen inzwischen an der Spitze riesiger Unternehmen, die nicht nur Mode produzieren, sondern auch über ein breites Angebot an Parfüms, Accessoires und Möbeln verfügen. Das Geheimnis ihres Erfolgs besteht in der Überhöhung einer Idee und deren ausgiebiger Vermarktung. *Calvin Kleins* Einsatz von Erotik in seinen Werbekampagnen ist zum Ausdruck des Lebensgefühls eines ganzen Jahrzehnts geworden. Seine aufsehenerregende Fernsehwerbung mit Schauspielerin Brooke Shields, 1979/80 von *Richard Avedon* (geb. 1923) aufgenommen, schockierte das prüde Amerika. Erst vor kurzem ließ seine Werbung für den Duft ›Obsession‹ die zerbrechliche Kate Moss zum Supermodel aufsteigen, heftigen Eindruck hinterließ auch der Einsatz des Rappers und Schauspielers Mark Wahlberg (alias Marky Mark, siehe S. 39) für ›Calvin-Klein-Underwear‹.

Donna Karans große Leistung bestand in der Kombination von Jersey und Lycra. Ihre Bodys (trikotähnliche Kleidungsstücke, welche die herkömmliche Bluse ersetzen) und Sarongs kamen dem gesteigerten Körperbewußtsein der späten 80er Jahre entgegen

Lässiger Schick: Donr Karans Seidenbody m Bundfaltenhose von 1987

1959 Amerikanische Studenten wollen den Weltrekord von 25 südafrikanischen Studenten brechen, die sich in eine Telefonzelle gezwängt hatten.

1960 Während er darauf wartet, daß ein Restaurant aufmacht, damit er dort frühstücken kann, kommt US-Physiker Theodore Maiman die Idee zum Laserstrahl.

1963 Kaliforniens Begeisterung für das Skateboardfahren erfaßt nach und nach die gesamte USA. 1965 wird man für Skateboards insgesamt 30 Millionen Dollar ausgegeben haben.

MODISCHE DETAILS

Typisch für den ›All-American Style‹ sind Calvin Kleins Unterhosen für Männer und Frauen und seine schlichte Unisex-Mode, Donna Karans Bodysuits aus Lycra sowie ihre schwarzen, weißen und violetten Wickelröcke, Ralph Laurens Reitjacken und maßgeschneiderte Hemden sowie Tommy Hilfigers Sportswear mit dem unvermeidlichen Logo.

und erlaubten der Trägerin gleichzeitig ein gewisses Maß an Sinnlichkeit, da sie deren Figuren umschmeichelten und Problemzonen kaschierten. Eine von Karans berühmten Presseerklärungen lautete: »Heben Sie das Positive an sich hervor, und verdecken sie das Negative.«

Tommy Hilfigers ›All-American Style‹ ist in der Tat durch und durch amerikanisch, mit unübersehbaren Logos bestückt und bei der Jugend beliebt. Als einer der ersten US-Designer konzentrierte sich Hilfiger auf den Markt der afro-karibischen und spanischen Bevölkerungsgruppen. Er gewann den ›From the catwalk to the sidewalk‹-Award der ersten prestigeträchtigen VH1 Preisverleihung von 1995, bei der tragbare Kleidung für Normalbürger prämiert wird. Hilfigers neuestes Projekt ist ›Tommy Rocks‹, das ihn durch Musik-Sponsoring mit Stars wie den Rolling Stones in Verbindung bringt.

Ralph Lauren wiederum steht für den klassischen guten Geschmack. Er begann als Krawattenverkäufer, ehe er das berühmte ›Polo Sport‹-Label lancierte (siehe S. 121)

und seinem Unternehmen seither zu ungebrochenem Erfolg verhalf. Die Niederlassungen sind von fürstlichen Ausmaßen, und die atemberaubend breite Produktpalette beinhaltet sogar Tapeten oder spezielle Farben, die wie Jeansstoff wirken.

Alle vier Designer sind Ikonen des Erfolgs, die demonstrieren, wie brauchbare Produkte mit Hilfe von Publicity weltweit vermarktet werden können. Der amerikanische Designer *Oscar de la Renta* (geb. 1932) hat es einmal so formuliert: »In Europa sind alle verrückt nach Prada und Gucci, doch hier in den USA, westlich des Hudson, weiß niemand, wer das ist, hier kennt man nur Ralph, Calvin, Tommy und Donna.«

Tommy Hilfigers Bademode sitzt stets perfekt

1971 Der Begriff ›künstliche Intelligenz‹ kommt auf. Er beschreibt Maschinen, mit denen eine menschenähnliche Denkfähigkeit erzeugt werden kann.

1979 Sony führt den Walkman ein, der für Reisende in Zügen und U-Bahnen zum Ärgernis werden wird.

1980 Der Film *Kagemusha* des japanischen Regisseurs Akira Kurosawa wird zusammen mit Bob Fosses Musicalfilm *All That Jazz* in Cannes mit der Goldenen Palme ausgezeichnet.

1970–1990

Das Land der aufgehenden Sonne

Japanisches Design

Der Meister der Asymmetrie: Yohji Yamamoto verbeugt sich nach einer Modenschau

Die Mannequins sind in schwarze formlose oder asymmetrisch geschnittene Stoffe gehüllt und üben eine seltsame Faszination aus. Sie tragen Kreationen von Yohji Yamamoto (geb. 1943), einem der führenden japanischen Designer, die sich einiges haben einfallen lassen, um das Konzept der Mode neu zu definieren: Ihre fernöstliche Ästhetik steht in deutlichem Gegensatz zu westlichen Couture-Traditionen.

Als Comme des Garçons, *Issey Miyake* (geb. 1935) und Yohji Yamamoto in den frühen 80er Jahren erstmals bei den Pariser Defilees vertreten waren, wirkten ihre neutralen und unorthodox geformten Silhouetten gegenüber den beliebten Schulterpolstern und dem Gepränge des allgegenwärtigen und allbeherrschenden Konsumgehabes wie eine Provokation. Sie verliehen der Mode einen intellektuellen Status, und dennoch beruhten viele ihrer ausgefallenen Ideen auf traditioneller japanischer Kleidung, nämlich den

Issey Miyake vermummt – Design von 1982

schwarzen Gewändern der Bauern, der Tracht der Samurai oder den Kimonos der Geishas. Die Kritiker waren begeistert, und bis heute hat diese Mode eine treue und zahlreiche Anhängerschaft.

Nach dem ersten Erfolg, der auch dem ›Reiz des Neuen‹ zuzuschreiben war, entdeckte man bei den japanischen Designern eine bewundernswerte Kreativität und Kompromißlosigkeit. Yamamotos Arbeiten zeigen eine Vorliebe für unregelmäßige Formen, wodurch sie viel natür-

Dieses Outfit stammt nicht aus einem Science-fiction-Film: ein Plissee-Modell von Issey Miyake

106

1983 In Chicago können Autofahrer im Fahrzeug telefonieren, nachdem Motorola Transmitter-stationen und ein entsprechendes Computersystem eingerichtet hat.

1986 Mit Spielen wie ›Die Legende von Zelda‹ erobert Nintendo den US-Markt und verkauft im ersten Jahr sensationelle 300 Mio. Exemplare.

1999 Die NATO bombardiert aus Versehen die chinesische Botschaft in Belgrad.

licher und weniger künstlich wirken. Auch *Rei Kawakubo* (geb. 1942), die Designerin des Markenzeichens Comme des Garçons, läßt in traditionelle Arbeits- und Tageskleidung Erkenntnisse aus *wabi sabi*, der japanischen Ästhetik von der Schönheit des Unvollkommenen, miteinfließen. Issey Miyake ist vor allem für seine Plissee-Kreationen bekannt, die er sowohl für die Hauptkollektion als auch für seine weniger teure Serie ›Pleats Please‹ entwirft. Seine Schöpfungen sind in der Lage, den Körper in außergewöhnliche skulpturale oder in säulengleiche Formen aus reiner Textur und Farbe zu transformieren. Bei Comme des Garçons´ extremer Ästhetik erfahren Konvention und Konsumgesellschaft eine noch deutli-

MODISCHE DETAILS

Miyakes visionäre Rattan-Körperskulpturen von 1982 fanden großen Anklang, und seine Plissee-Kreationen werden häufig kopiert. Comme des Garçons´ Strickmodelle wurden auf einer Strickmaschine hergestellt, die man so eingestellt hatte, daß sie Löcher und Laufmaschen produzierte. Yamamotos ausgefranste Säume und seine Ästhetik des Abgetragenen wiederum waren eine Reaktion auf die Massenprodukte, mit denen Japan in den 50er Jahren überschüttet wurde. Er hüllt die Körper in ausladende Kleidung, die oft mit zusätzlichen Taschen und Riemen versehen ist.

Das Kabuki-Theater beeinflußt die Abendgarderobe (1977)

chere Abfuhr: Zusammen mit Architekt Takao Kawasaki wurden Verkaufsräume mit Mattglas entworfen, so daß die Kleidung weniger interessierten Kunden verborgen bleibt. Unverkaufte Modelle werden zum Ende der Saison angeblich sogar verbrannt.

Mit ihrer Mode verwandeln diese drei Designer die Körperform, verhüllen und verdecken sie. Noch vor den belgischen Designern bahnten sie den Ideen des Dekonstruktivismus (siehe S. 134 f.) den Weg und machten Schwarz zur dominierenden Modefarbe. Stets pflegten sie ihr rätselhaftes Image, und sie haben sich nach beinahe 20 erfolgreichen Jahren noch immer die Aura des Mysteriösen bewahrt.

Der Duft von Ozon

›L'Eau d'Issey‹, 1993 von Miyake auf den Markt gebracht, war das erste Parfüm, das aus der neu entwickelten ›ozonhaltigen‹ Note Kapital schlug. Vor kurzem produzierte Comme des Garçons ›Odeur 53‹, in dem synthetische Duftnoten (frische Wäsche und verbrannter Gummi) höchst eigenwillig kombiniert sind. Natürlicher Essenzen bedürfen Parfüms längst nicht mehr.

107

1970 Velvet Under-
ground mit Lou Reed
und John Cale bricht
auseinander. Der Ver-
such, sie in den 90ern
wieder zusammenzu-
bringen, scheitert.

1971 Ein kanadischer
Fernsehsender kauft 1144
Episoden der englischen
Serie *Coronation Street*.
Die Gesamtlänge der Fol-
gen beträgt 20 Tage, 15
Stunden und 44 Minuten.

1974 Über Sumova in
der Tschechoslowakei
wird ein Feuerball foto-
grafiert, der 10 000mal
heller ist als der Voll-
mond.

1970–1980
Punk-Revolution
Bondage-Mode und Sicherheitsnadeln

*Die Punks verstanden sich als Anti-Mode-Bewegung.
Ihre Musik war aggressiv, die Kleidung – für Arbeits-
lose, Schulabgänger und Studenten – bestand aus bil-
ligen, leicht erhältlichen Materialien. Doch was als
Rebellion der Jugend begonnen hatte, sollte größten
Einfluß auf die britische Kultur in den 70ern nehmen.*

Johnny Rotten, Sid Vicious & Co.
werben für die Anarchie in der
britischen Modewelt

Kleider aus Billigläden wurden aufge-
schlitzt und neu zusammengesetzt,
Strümpfe mit Laufmaschen verziert und
Schuluniformen verunstaltet. Sicherheitsnadeln, Rasierklingen und Tampons funk-
tionierte man zu beunruhigenden
Accessoires um. Sehr beliebt war auch das
Piercing mit Sicher-
heitsnadeln in Nasen,
Ohren und Wangen,
während das Make-up
nicht selten ausgefalle-
ner Stammesbemalung
glich oder an einschlä-
gige Horrorfilme erin-
nerte. Das Haar wurde
eingeseift, zu Stacheln
hochgestellt und

Mode aus Plastik: West-
woods Bondage-Kollektion
hatte ihre Anhänger

rasiert, begehrt war der extrem auffällige
Irokesenkopf.

Die Punk-Musik war von David Bowie
und den New York Dolls beeinflußt, doch
richtig populär wurde die neue Bewegung
erst durch ihren berühmtesten Vertreter
Malcolm McLaren und seine Designerin
und Lebensgefährtin
Vivienne Westwood
(geb. 1941). In den
70ern durchlebte die
Boutique der beiden
in Londons King´s
Road mehrere Meta-
morphosen – vom
›Let it Rock‹ im Jahr
1971 zum kultträchti-
gen ›Sex‹ von 1974 bis
zum ›Seditionaries‹
(1976) und ›World's
End‹ (1980). Die Bou-
tique ›Sex‹ war dank

1975 Martin Amis, der Sohn des britischen Schriftstellers Kingsley Amis, schreibt *Dead Babies*.

1976 Mit ›Mamma Mia‹, ›Fernando‹ und ›Dancing Queen‹ landet die Pop-gruppe Abba dieses Jahr drei Riesenhits.

1977 Die Briten feiern das 25jährige Jubiläum der Queen. Einige wenige protestieren, indem sie ›God Save the Queen‹ von den Sex Pistols spielen oder T-Shirts mit der Aufschrift ›Begrabt die Jubilarin‹ tragen.

MODE-IKONE ★

Jordan wurde zur Symbolfigur der Punk-Bewegung. Bevor sie von der Schule flog, trug sie Strumpfhalter und Netz-röcke und jobbte dann für kurze Zeit mit grün bemaltem Gesicht im Londoner Nobel-Kaufhaus Harrods. Um in Westwoods Boutique ›Sex‹ zu arbeiten, pendelte sie jeden Tag in voller Punk-Montur mit Irokesenkopf von Brighton nach London. Jordan war die perfekte Anti-Schönheit der Punkszene: Dank ihres ausgeprägten Stils wurde sie bald von David Bailey foto-grafiert und erhielt eine Rolle im Punk-Film *Jubilee* (1977). Ihre Firma ›Deadly Feminine‹ ver-kauft heute ihre eigene Mode. Ab und zu tritt sie mit der Band Adam & the Ants auf.

Englands Exzentrikerin

Vivienne Westwoods Mar-kenzeichen sind ihre über-genauen Recherchen und die Tatsache, daß man nie-mals errät, was sie als näch-stes plant. Ihre erste Bondage-Kollektion ver-mischte Elemente von S&M mit ihrer ganz persönlichen Auffassung von Sex, und sie tritt auch heute noch für die Straßenkultur ein. Stets ist sie ihrer Zeit voraus, wie etwa mit ihrer Piraten-Kol-lektion (1981), die eine neue Romantikwelle einlei-tete (siehe S. 118 f.). Wei-tere erfolgreiche Kollek-tionen waren ›Hexen‹ (1983) mit Turnschuhen und Regenmänteln aus Nylon, ihre Mini-Krinolinen, Turnüren und Korsetts von 1985, die Tweed-Kollektion für Harris von 1987, der nackte Look mit Feigenblatt von 1989 und die legen-dären Plateauschuhe, in denen Naomi Campbell 1993 stürzte. 1990 und 1991 wurde Westwood zur britischen Designerin des Jahres gekrönt, 1989 brach-te sie ihr erstes Parfüm her-aus – in einem Flakon mit Reichsapfel. Lang lebe Queen Viv!

Ironischerweise wurde die Anti-Mode der Punks ein Opfer ihres eigenen Erfolgs und von der Pop-Kultur einfach absorbiert. 1979 produzierte die Designerin *Zandra Rhodes* (geb. 1940) eine gemäßigte Form jenes zerfetz-ten Punk-Stils und nahm ihm für immer seine schockieren-de Kraft. In den 90ern lebte er im Goth-Look mit schwarzer Kleidung, Punk-Frisur, weißem Make-up und etwas Heavy Metal nochmals auf.

Ein Punk-Pärchen in voller Montur mit leuchtend gefärbtem Irokesen-schopf, London 1983

Westwoods Kollektion im Bondage-Stil bald weltbekannt. Meist handelte es sich um schwarze Outfits mit Schnal-len, Rissen und Schlitzen, Riemen und Ketten. Getragen wurde die Kollektion von den Sex Pistols – vor und hinter der Bühne. Außerdem verkaufte ›Sex‹ die ultimativ-provokanten Punk-T-Shirts mit Parolen zu Anarchie, Pädophilie und Pornographie sowie religi-ons- und monarchiefeindlichen Symbolen.

1971 Viele Christen glauben, daß man satanische Beschwörungen hört, wenn man Led Zeppelins Song ›Stairway to Heaven‹ rückwärts spielt.

1973 Für einen Show-Auftritt trägt Gary Glitter Plateauschuhe, die fast 20 cm hoch sind.

1977 In Paris wird das Centre Pompidou eröffnet. Kritiker behaupten, seine Fassade mit all den Rohren und Leitungen erinnere an ein Klärwerk, aber den Besuchern gefällt es.

1970–1990

Schlechter Geschmack
Geheimnisse des Kleiderschranks

Mode ist Geschmacksache: Das grüne Minikleid aus Lycra vom letzten Weihnachtsfest hängt nun zusammen mit vielen Leidensgenossen im Secondhand-Laden, und das purpurfarbene Bouclé-Kostüm hat der Freundin, die es sich letzte Woche auslieh und damit blendend aussah, eigentlich viel besser gestanden. Manche Kleider sehen an einem Supermodel ausgesprochen reizvoll aus, aber uns selbst wollen sie einfach nicht stehen. Um alles noch schwieriger zu machen, trägt die Modebranche kräftig zur Furcht vor schlechtem Geschmack bei und ermuntert die Kunden, ständig ihre Garderobe zu erneuern, denn wer will schon altmodisch aussehen.

Dieser Jeansanzug stamm... etwa aus dem Jahr 1973: ni... unbedingt de... neueste Schic...

> **MODE-IKONE** ★
>
> Sie sind Berühmtheiten, aber ebenso berühmt ist auch ihr schlechter Geschmack: Elton John, Fergie, Céline Dion, Kate Winslet, Cher, Mary J. Blige, The Artist Formerly Known As Prince, Chelsea Clinton, Zsa Zsa Gabor, Woody Allen, Cherie Blair und im Grunde auch alle Boy-Groups.

Mit der Mode ändert sich auch unser Geschmack. Ist ein Stil zu alltäglich geworden, wie etwa die Armeehosen, wird er aus dem Kleiderschrank verbannt. Sind wir vor sechs Monaten im weiten Drillichanzug noch stolz auf ein Popfestival gegangen, können wir ihn jetzt schon nicht mehr sehen, weil sich unsere Großmutter das gleiche Modell zum Golf-

spielen gekauft hat. Wer seine Sachen gern hortet, braucht nur kurz in den Kleiderschrank zu schauen, um mit zahlreichen Beispielen modischer Fehlgriffe konfrontiert zu werden. In puncto Kleidung besitzt jedes Jahrzehnt seinen eigenen Fauxpas – jene einst so schicken Kleider, die man jetzt höchstens noch zum Kostümfest trägt oder zur Kleidersammlung gibt (immerhin sind die Sachen noch tadellos und irgendeine arme Seele wird sie sicherlich brauchen können).

1981 Als ein Schiff in der Nähe von Obidos in Brasilien sinkt, werden über 300 Menschen von Piranhas gefressen.

1985 Die britische Mode-Designerin Laura Ashley stirbt, aber ihre Kleider mit Blümchenmuster bleiben beliebt.

1989 In Japan entsteht die größte Sandskulptur der Welt. Sie ist 17,13 m hoch und heißt ›Einladung ins Märchenland‹.

Für beinahe jeden noch so unmodernen Look gibt es allerdings irgendwann ein Comeback. Ganze Scharen junger Mädchen kombinieren voll Begeisterung ihre scheußlichen Funde aus Secondhandshops mit grellem Modeschmuck aus Plastik. Diese Kreuzung verschiedener Stile hat sich zu einer neuen Subkultur entwickelt, der inzwischen auch die Modewelt einige Beachtung schenkt. Das Mailänder Modehaus Prada (siehe S. 128 f.) ist bei der Kombination vergangener Stilrichtungen so erfolgreich, daß das Unternehmen den Kunden Produkte verkaufen kann, deren Vorbilder nur Gelächter hervorrufen würden: Nylonhemden von Prada, die Tapetenmustern aus den 70er Jahren erschreckend ähnlich sehen, oder Flanellkleider, die stark an englische Schuluniformen erinnern. Sie mögen wenig geschmackvollen Ausrut-

Flower-Power machte es möglich: Kombinationen so schön wie ein Vorhangstoff

schern der Modebranche nachempfunden sein, doch dank des unübersehbaren Stempels durch das heißbegehrte Label sind sie plötzlich wieder hochmodern.

Antennen-Haarreifen: Spaß für Kinder, Erwachsene sehen eher lächerlich aus

MODISCHE DETAILS

Hier ein paar Beispiele für den berüchtigten schlechten Geschmack:
☞ pastellfarbene Trainingsanzüge aus den 80ern (siehe S. 123);
☞ Antennen-Haarreifen, die man sich auf den Kopf setzt und ein dummes Gesicht dazu macht;
☞ Brustimplantate, die zur Zeit als Inbegriff des schlechten Geschmacks gelten und sowohl der Gesundheit als auch der Glaubwürdigkeit schaden;
☞ Stulpen in den Farben des Regenbogens galten in den 80ern als schick, heute sieht man sie nur noch im Kinderfernsehen;
☞ Blazer mit breiten Schulterpolstern (siehe S. 122) erinnern nur noch an die Zeiten von *Denver Clan*.

1973 Wayne Sleep stellt mit 0,71 Sek. für einen *entrechat* (bei dem er die Beine fünfmal in der Luft kreuzt) einen Rekord auf.

1978 Der britische Sender BBC weigert sich, Tom Robinsons Song ›Glad to be Gay‹ zu spielen.

1980 Der Film *Cruising* mit Al Pacino wird von Aktivisten, die für die Rechte Homosexueller eintreten, wegen seiner stereotypen Charaktere angegriffen.

1970 bis heute
Schöne Körper
›Gay Fashion‹

›Gay Fashion‹ vereinigt die komischsten und provokativsten stereotypen Aspekte männlicher und (im Fall von Transvestiten) weiblicher Sexualität. Sie kann genaue Verhaltensregeln beinhalten oder einfach nur einen im Fitneß-Center gestählten Körper zur Geltung bringen. Doch obwohl der Großteil der heterosexuellen Gesellschaft es niemals zugeben würde, hat die Mode Homosexueller großen Einfluß darauf, wie wir uns heute kleiden.

Was für ein Mann!

Homosexuelle Männer und Frauen benutzen Mode als Zeichen ihrer Identität, als Möglichkeit, ihre ›Andersartigkeit‹ zu zelebrieren. Die Leder-Outfits von Motorradfahrern werden dabei zum Fetisch-Look und zu Symbolen der Männlichkeit, Armeekleidung sieht man häufiger auf der Tanzfläche als auf einem Übungsplatz, und das Thermohemd soll nicht vor Kälte schützen, sondern bewundernde Blicke auf sich ziehen.

›Gay Fashion‹ hat auch stets mit Hedonismus, dem Streben nach Sinnenfreude, zu tun. Das Badezimmer vieler Homosexueller ist gut ausstaffiert mit Kosmetikartikeln und Düften, die einem Schönheitssalon Ehre machen würden. Während sich viele heterosexuelle Paare um ihre Sprößlinge und ganz alltägliche Sorgen kümmern müssen, gehen homosexuelle Paare in Designer-Boutiquen, um sich einzukleiden, und sie trainieren

1985 Der Schauspieler Rock Hudson stirbt an AIDS. Er hatte als erster Prominenter der USA zugegeben, daß er an der Krankheit litt.

1994 Das britische Parlament beschließt, das Mündigkeitsalter für homosexuellen Geschlechtsverkehr von 21 auf 18 Jahre herabzusetzen.

1997 Tony Mattia aus Brighton muß umziehen, damit er für seine Barbie-sammlung genügend Platz hat. Die Kleider seiner 900 Barbies werden einmal im Monat gewechselt.

ihre Körper, um sie abzuhärten und damit Krankheiten vorzubeugen.

Natürlich handelt es sich hierbei um eine grobe Vereinfachung, aber es gibt in der Tat bei Hetero- und Homosexuellen in puncto Mode große Unterschiede – sowohl in kultureller als auch finanzieller Hinsicht. Viele Modeschöpfer sind homosexuell, und so wie die Discomusik in den 70ern in den Schwulenbars entstand, werden viele Modetrends aus der Schwulenszene von der ›normalen‹ Gesellschaft übernommen. So sind Transvestiten, früher in der Regel Männer mittleren Alters in übertriebenen Frauenkleidern, heute ebenso beeindruckende Erscheinungen wie die Supermodels. Modedesigner können bestätigen, daß viele der ausgefallensten Modelle einer Kollektion von Transsexuellen gekauft werden.

Gewiß wird die Mode Homosexueller zu Unrecht immer noch mit alten Klischees identifiziert. Nicht alle Lesbierinnen tragen Overalls und karierte Hemden, und die meisten Schwulen wären schockiert, wenn sie wie Village People herumlaufen müßten. Doch viele Elemente der heutigen Mode,

›Macho Man‹, ›YMCA‹ und ›In the Navy‹ sind große Popklassiker von Village People

ob Armeekleidung, Kosmetikartikel für Männer, enganliegende Kleidung oder auch das gesteigerte Körperbewußtsein, stammen aus der Schwulenszene.

Eine echte ›Drag Queen‹ in glitzernder Robe und mit reichlich Federschmuck

MODISCHE DETAILS

Der Taschentuch-Code erlaubt homosexuellen Männern, auf ihre sexuellen Vorlieben hinzuweisen, indem sie ein farbiges Taschentuch in eine der Gesäßtaschen ihrer Hosen stecken. Farbe und Position kennzeichnen die besondere Vorliebe und/oder Neigung. Hier die Erklärungen einiger weniger bekannter Farben:

☞ Blaßgelb: (links) spuckt, (rechts) sabbert

☞ Lavendelfarben: (links) mag Transvestiten, (rechts) ist ein Transvestit

☞ Weißer Samt: (links) Voyeur, (rechts) zeigt sich gern

☞ Teddybär: (links) liebkost gern, (rechts) wird gern liebkost

☞ Hahnentrittmuster: (links) knabbert gern, (rechts) will gebissen werden

☞ Silberlamé: (links) will Sex mit einem Prominenten; (rechts) ein Prominenter

☞ Brauner Cord: (links) Schuldirektor, (rechts) Student

☞ Korallenrot: (links) lutsche an meinen Zehen, (rechts) ich will an deinen Zehen lutschen

und so weiter…

1970 Naturschützer in den USA verhindern den Bau eines neuen großen Flughafens in den Everglades, der berühmten Grassumpflandschaft Südfloridas.

1973 Über 50% der US-Amerikaner glauben an UFOs und 10% behaupten, bereits ein UFO gesehen zu haben.

1980 In der BRD wird die weltweit erste ›grüne‹ Partei gegründet, die sich 1993 mit dem Bündnis 90 zusammenschließt.

1970–1990

›Lieber gehe ich nackt‹
Pelzmoden

Für Raquel Welsh mag es in Ordnung gewesen sein, im Film ›One Million Years BC‹ (1967) einen aus Pelz geschneiderten Bikini zu tragen. Wer sich aber heutzutage im Pelz zeigt, läuft durchaus Gefahr, auf der Straße attackiert zu werden – ganz besonders in Großbritannien oder den USA. Pelzmode ist zu einem sehr sensiblen Thema geworden. In manchen Ländern ist sie schlichtweg tabu, in anderen gilt sie jedoch immer noch als Statussymbol. In Spanien und Italien etwa sieht man Frauen eines gewissen Alters auch heute noch in den verschiedensten Tierhäuten beim Abendspaziergang: Manche tragen altmodische Modelle im Stil früherer Filmstars, andere die neuesten Kreationen von meisterlichen Kürschnern wie Fendi (siehe Kästchen).

Berühmte Pelzträgerinnen

Königin Elizabeth II. und die Queen Mum, Margaret Thatcher, Elizabeth Taylor (während ihrer Zeit mit Richard Burton), Eartha Kitt, Naomi Campbell. Tierschützer haben erklärt, daß man für den Pelzmantel einer gedankenlosen Frau 200 Tiere benötigt.

Raquel Welsh in Pelzbikini – im Film *One Million Years BC*

Viel kritisiert – *Vogue*-Redakteurin Anna Wintours Vorliebe für Pelze

Nordische Länder stehen Pelzmoden besonders kritisch gegenüber. In London wagt kein einziges Kaufhaus, Pelze anzubieten, und in den USA ließ man der ›pelzfreundlichen‹ *Vogue*-Redakteurin Anna Wintour in einem noblen New Yorker Restaurant ein totes Nagetier auf den Schoß fallen. PETA (People for the Ethical Treatment of Animals) ist eine treibende Kraft in der Tierschutzbewegung und konnte Supermodels wie Christy Turlington, Tyra Banks und Marcus Schenkenberg für die provokative Anti-Pelz-Kampagne ›I'd Rather Go Naked Than Wear Fur‹ gewinnen. In Großbritannien veröffentlichte Fotograf *David Bailey* (geb. 1938) eine aufsehenerregende Anzeige, in der ein Model auf dem Laufsteg einen Pelzmantel präsentiert und das Publikum mit Blut bespritzt.

1984 Der Film *Gremlins* handelt von boshaften kleinen Kreaturen mit wuscheligem Fell, die die Menschen terrorisieren.

1987 Die Negerpuppen in den ›Noddy‹-Geschichten der englischen Autorin Enid Blyton werden durch Gnome ersetzt – aus Gründen der ›political correctness‹.

1989 In einem Londoner Auktionshaus ersteht ein Sammler einen Teddybär der deutschen Firma Steiff für 88 000 Dollar.

Dank Organisationen wie PETA mußten viele Pelzfarmen schließen, und die Grausamkeiten der Tierversuche (Nerzen injizierte man zum Beispiel Unkrautvernichtungsmittel, und bei vollkommen gesunden Tieren wurden Herzanfälle mit Elektroschocks hervorgerufen) gelangten endlich an die Öffentlichkeit. Doch die weltweite Pelzindustrie versorgt die Modebranche weiterhin unbesorgt mit Pelzen in allen Größen und Farben. Nach Angaben des kanadischen Fur Council macht der Pelzhandel jährlich nur 0,25 % der in Nordamerika für Nahrung, Kleidung und andere Zwecke getöteten Tiere aus, während zweimal so viele unerwünschte Haustiere in privaten Haushalten jedes Jahr ihr Leben lassen müssen. Die meisten amerikanischen Frauen halten den Kauf eines Pelzes jedoch immer noch für unverantwortlich.

In Europa erlebt der Pelz dagegen eine Art Renaissance. Anfänglich erschien er als Besatz an Krägen und Ärmeln, was Tierschützer als tückischen Versuch verurteilten, Tierfelle durch ein Hintertürchen wieder salonfähig zu machen. In neuerer Zeit wurden Pelze gefärbt, damit sie unecht wirkten. Der derzeitige Luxuswahn scheint die Besorgnis über das Wohlergehen der Tiere offenbar wieder in Vergessenheit geraten zu lassen. Vielleicht hat das britische Designer-Duo Copperwheat Blundell jedoch die Lösung des Problems gefunden: Für ihre flauschige Winterkleidung haben sie von einer Perückenfabrik Menschenhaar gekauft, und ihre Kunden sind nun über jede Kritik erhaben: »Nein, nein – es ist von Menschen ...«.

Kaum hatte Naomi Campbell an der Kampagne ›I'd Rather Go Naked‹ teilgenommen, zeigte sie Fendis Pelzkollektion

MODE-IKONE ★

Fendi wurde 1925 als Firma für luxuriöse Lederwaren gegründet. 1965 holte man Karl Lagerfeld (siehe S. 78 f.), der für Fendi Pelze entwerfen sollte. Er änderte die traditionellen Methoden, bestand auf den Gebrauch intakter Felle, wodurch die Mäntel schwerer wurden. Er kreierte außerdem einen Jeansmantel mit Pelzfutter und dem berühmten Fendi-Logo. In den letzten Jahren wurden die Pelze gefärbt und die Verarbeitung abgewandelt, so daß die Unterscheidung zwischen echt und falsch inzwischen schwerfällt.

1977 Studenten protestieren gegen Magazine, die Frauen ausbeuten.

1984 Die neue Staatsgalerie in Stuttgart besteht aus Stein, Glas und farbigem Metall und soll eher einer Landschaft als einem Gebäude ähneln.

1992 In Deutschland kommt es durch Skinheads zu über 2280 Überfällen auf Ausländer.

1977 bis heute

Der Businessman der Avantgarde
Helmut Lang

Die Arbeit des österreichischen Designers Helmut Lang (geb. 1956) ist eine Art Barometer des Zeitgeschmacks, wobei er sich ankündigende große gesellschaftliche Veränderungen sehr oft schon im Vorfeld in seinen Entwürfen verarbeitet. Ihm wurde die Verbreitung verschiedenster Stile zugeschrieben, ob Dekonstruktivismus (siehe S. 134 f.), Futurismus (siehe S. 138 f.) oder Minimalismus (siehe S. 106 f.). Kaum ein anderer Designer wird so diskret kopiert wie Lang, und sein sorgsam gepflegtes mysteriöses Image nährt die Bewunderung der Presse, die sich scheut, etwas zu kritisieren, was sie nicht ganz versteht.

Langs Military-Look wird aus luxuriösen Materialien hergestellt

MODISCHE DETAILS

Typische Elemente der Mode Helmut Langs: Düstere Farben mit leuchtenden Akzenten, hochwertige Materialien, unregelmäßige Nähte und Säume, perfekt sitzende Shifts und Jacken, ›Military Look‹ in luxuriösen Stoffen, Daunenjacken, mit Farbe bespritzte Jeans.

Helmut Lang begann 1977 zu entwerfen. Ab Mitte der 80er Jahre präsentierte er seine Modelle in Paris, wo seine maßvolle Ästhetik einen deutlichen Kontrast zu den alles beherrschenden Schulterpolstern und dem aggressiven Luxus bildete. Die frühen Kollektionen waren von bodenständiger Eleganz, die in der Folge jedoch von seiner hochmodernen, aber stets tragbaren Kleidung in den Schatten gestellt wurde. Langs Fähigkeit, Klassiker einer Art Anti-Mode, etwa Militärkleidung (siehe S. 28), für eine modebewußte Klientel luxuriös umzugestalten, machte viele Kleidungsstücke erst gesellschaftsfähig.

Langs Beitrag zur zeitgenössischen Mode besteht darin, aus Akzeptiertem eine Herausforderung zu machen: Durch ihn wurden in den frühen 90ern T-Shirts aus Stretchmaterial populär. Die Verwendung von High-Tech-Materialien wie Aertex, Stretch-Spitze und reißfestem Nylon führte zur Aufwertung einfacher Produkte. Seine schlichten Silhouetten enthalten stets ein irritierendes Detail, durch das ein simples Modell plötz-

1993 Das Flugzeug des US-Präsidenten blockiert den Flughafen von Los Angeles: Clinton läßt sich von einem Friseur aus Beverly Hills die Haare schneiden.

1994 Der ägyptische Schriftsteller Naguib Mahfouz wird von einem militanten islamistischen Fundamentalisten mit dem Messer am Hals verletzt. Er überlebt.

1999 In ganz Großbritannien protestieren Umweltschützer gegen genmanipuliertes Obst und Gemüse.

›Worldwide‹ Lang

Langs Kreativität als Designer ist untrennbar mit seinen Marketing-Methoden verbunden. Die Modenschauen seiner Kollektionen sind von legendärer Schlichtheit, kurzweilig und unprätentiös: Mit phänomenaler Geschwindigkeit bewegen sich die Models durch hellerleuchtete Räume. Berüchtigt sind auch seine Gästelisten, denn auf jeden Journalisten unter den Halogenlampen kommen fünf weitere, die verzweifelt versuchen, an den Türstehern vorbeizukommen. Manchmal verzichtet Lang auch ganz auf eine Modenschau und zeigt seine Modelle im Internet (www.helmutlang.com) – ein Zeichen seiner Anerkennung für das ›Worldwide Web‹, das die Informationen schon wenige Sekunden später weltweit verbreitet (siehe S. 19).

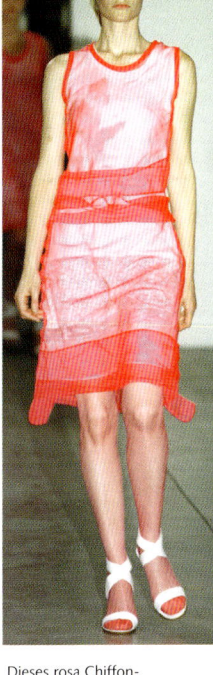

Dieses rosa Chiffon-Kleid von Helmut Lang wurde vielfach kopiert

lich hochmodern erscheint: ein Shiftkleid mit einem wie eine Bandage herabhängenden Ärmel oder eine unregelmäßige Naht, die wie eine leuchtend rosa Narbe über ein Chiffon-Top läuft. Doch wie avantgardistisch seine Entwürfe auch immer sein mögen, ›untragbar‹ sind sie eigentlich nie. Langs Mode drückt den Zeitgeist aus, ist ebenso modern wie kommerziell.

Heute ist Lang nicht nur ein führendes Mitglied der Avantgarde, sondern auch ein Geschäftsmann von Weltklasse. Seine lang erwartete Präsentation in New York sicherte ihm schließlich einen Platz unter den führenden Designern. Für seine weniger kostspielige Jeans-Kollektion gibt es weltweit bis zu 700 Fachgeschäfte, und neue Produktionsvereinbarungen mit einem italienischen Modehaus haben ihm einen noch größeren Markt eröffnet. Langs Erfolgsgeschichte geht sicherlich noch weiter, er wird bereits als Nachfolger eines Giorgio Armani oder Calvin Klein gehandelt.

Lang kombiniert gern unterschiedlichste Materialien: durchsichtig und blickdicht, glänzend und matt, billig und kostspielig

1980 Im US-Staat Washington bricht der Mount St. Helen aus und die gesamte Nordseite des Vulkans wird zu einem Lavafluß.

1981 Das Musical *March of the Falsettos* wird in New York uraufgeführt und läuft 170 Abende lang.

1982 In *Tootsie* spielt Dustin Hoffman einen Mann, der sich als Frau ausgibt, Julie Andrews spielt in *Victor/Victoria* den umgekehrten Fall.

1980–1985

›Gender Bender‹
Das Spiel mit den Geschlechterrollen

Die englische Zeitung Sun prägte 1983 den Ausdruck ›Gender Bender‹, was soviel wie ›Geschlechtsverdreher‹ bedeutet und womit all jene gemeint waren, die mit den Grenzen der Geschlechterrollen in puncto Kleidung, Frisur und Make-up experimentierten. Aus der einstigen Vorliebe einiger weniger war Anfang der 80er Jahre neben dem Look der ›New Romantics‹ ein populärer Straßenstil geworden.

Adam Ant mischt indianische Stilelemente mit einem Military-Look des 19. Jahrhunderts

Die neue Stimmung setzte sich zuerst in Londoner Clubs wie Blitz oder St. Moritz durch. Sie nahm dem Punk-Look seine Schärfe und ließ einen theatralischen, selbstverliebten und verspielten Stil entstehen. *Vivienne Westwood* (geb. 1941) hatte für Adam & the Ants alberne Kostüme im Regency-Stil entworfen und leitete mit ihrer Piraten-Kollektion 1981 einen androgynen Look ein.

Unterschiedlichste Themen wurden aufgegriffen, ob aufgeputzte Dandys oder gar chassidische Locken und Hüte. Londoner Clubs waren der Schauplatz außergewöhnlicher stilistischer Experimente mit Designern wie *David Holah* (geb. 1958) und *Stevie Stewart* (geb. 1958) von Body Map, die mit Rüschen, Zierbändern und Lycra arbeiteten. Den ›New Romantics‹ nahestehende

Sänger waren Steve Strange (von David Bowies transsexuellen Experimenten beeinflußt), Spandau Ballet, Duran Duran und Kultfigur *Boy George* (geb. 1961). Georges schrille, androgyne Kleidung löste eine Welle der Begeisterung aus. Nachdem er im Kult-Magazin *I-D* im Nonnengewand erschienen war, probierte er eine Reihe von Stilen aus, bis er schließlich jenen Look fand, in dem er 1982 mit Culture Club in ›Top of the Pops‹ auftrat.

Westwoods säbelrasselnder Piraten-Look, vorgeführt von Model Nadja Auermann

1984 ›Karma Chameleon‹ von Culture Club ist Großbritanniens Hit des Jahres, und Boy Georges Outfit mit Zöpfen findet viel Beachtung.

1984 James F. Fixx, der Autor von *The Complete Book of Running*, erleidet beim Joggen einen Herzinfarkt und stirbt.

1985 Die Church of England erlaubt erstmals Frauen, sich zur Diakonin weihen zu lassen.

›Total Fashion Victim‹

Designer **Stephen Linard** war genau zur rechten Zeit am rechten Ort, teilte er sich doch mit Boy George ein Haus in London, ehe er 1981 seinen Abschluß am St. Martin's College machte – mit seiner Kollektion ›Reluctant Emigrés‹. Seine Mode mit Organza und Astrachanmänteln nahm den Look der ›New Romantics‹ vorweg. Außerdem arbeitete er für den programmatisch betitelten Club ›Total Fashion Victim‹. Weitere Designer, die sich zu seiner Zeit um den Modegeschmack von Popstars kümmerten, waren Helen Robinson von PX, Christopher und Susan Brick von Demob und der Hutexperte Stephen Jones (siehe S. 47).

Boy George in seinem androgynen Outfit mit Zöpfchen, Make-up und Hut

Waren die Zuschauer anfänglich verblüfft über Make-up, Hüte, Locken und Mäntel (mit Davidsternen und äthiopischen Flaggen), so wurde doch bald schon alles sorgfältig kopiert – vor allem von weiblichen Fans. In der Regenbogenpresse widmete man George und seinem befreundeten ›Gender Bender‹ Marilyn (wegen seiner unheimlichen Ähnlichkeit mit Marilyn Monroe so genannt) zahllose Seiten, bis sie schließlich in Ungnade fielen.

Body Map, Jean Paul Gaultier (siehe S. 95) und andere führten den Rock für Männer ein, der sich jedoch nie durchsetzen konnte. Ab und zu sieht man einen Popstar im Wickelrock (Michael Hutchence hatte eine Vorliebe dafür), und Fußballstar David Beckham zeigt sich gern mit seinem Spice Girl im geblümten Sarong.

MODE-IKONE ★

Auf das Spiel mit den Geschlechterrollen verstand sich auch die schottische Sängerin **Annie Lennox** (geb. 1954) von der Kultband Eurythmics und stürmte 1983 mit ›Sweet Dreams Are Made Of This‹ die Charts. Ihr androgynes Aussehen bot ebensoviel Gesprächsstoff wie jenes von Boy George. Ihr Kommentar: »Ich wollte mich neu erfinden, also war es nur natürlich, maskuline Kleidung zu tragen, denn sie gab mir mehr Stärke.« Mit ihren Nadelstreifenanzügen und Krawatten, ihrem kurzen, orangefarbenen Haar und den ausgeprägten Zügen wurde sie zum Inbegriff einer weiblichen ›Gender Bender‹. Dennoch sah man ihren kantigen Look häufiger in Magazinen als auf der Straße.

Süße Träume – Annie Lennox beweist, daß Mädchen Knaben sein können

1980 Journalistin Lisa Birnbach leitet mit ihrem Buch *The Official Preppy Handbook* in den USA eine Welle konservativer Eleganz ein. Es werden über 1 Mio. Bücher verkauft.

1984 Der erste Flug mit Virgin Atlantic von London nach New York kostet 99 Pfund.

1987 Kellogg's führen die neue Müslimischung ›Just Right‹ ein; sie besteht aus Rosinen, Nüssen und Datteln.

1980 bis heute

Das Geschäft mit den Markenartikeln
Wie man einen Traum verkauft

Designer wie Tommy Hilfiger verkaufen nicht nur Mode, sondern Lifestyle

Ein Markenartikel ist weitaus mehr als ein Designer-Name auf einer Jeans, die sich dadurch hoffentlich besser verkaufen läßt. Mit einem Markenartikel wird ein lang erträumter Lebensstil in Form eines Produkts zum Kauf angeboten: Wer möchte nicht in einem schicken Apartment wohnen, interessante Freunde haben und den neuesten Sportwagen fahren? Bereitwillig stecken Top-Designer Millionenbeträge in ihre Marketing-Kampagnen, um ihre Produkte gut zu verkaufen. So verwundert es kaum, daß die Könige der Branche meist Amerikaner sind. Am besten verkaufen sich natürlich jene Produkte, die den Wunsch nach einem angesehenen Label erfüllen, aber nicht zu teuer sind. Beste Beispiele sind Parfüm oder Unterwäsche, und das Zauberwort lautet ›Qualität‹. Welche Marke bevorzugen Sie?

Don Johnson in der TV-Serie *Miami Vice*, ausgestattet von Hugo Boss

Markenartikel sichern den internationalen Erfolg von Designern. Die Einnahmen durch die Haute Couture machen im Durchschnitt oft weniger als zehn Prozent vom Gesamtumsatz aus – das meiste Geld wird durch Markenartikel und Lizenzen verdient. Kluges Produktplacement ist eine beliebte Werbestrategie, und Designer kämpfen regelrecht darum, ihre Mode in

1988 Die Fernsehserie *Neighbours* steht bei den Briten an Beliebtheit auf Platz drei, und Kylie Minogue singt ›I Should Be So Lucky‹.

1990 Die französischen und britischen Arbeiter, die am Kanaltunnel graben, treffen sich in der Mitte.

1995 Die Werbung für Levi's 501 gewinnt in diesem Jahr 33 Preise.

Ralph Lauren: ein Meister des Marketings

Lizenzen

Steht der Name eines Designers international so hoch im Kurs, daß man damit im Grunde alles vom Gürtel bis zur Sonnenbrille verkaufen könnte, läßt sich das Marktpotential am besten durch die Vergabe von Lizenzen an eine Reihe von Herstellern vergrößern. Die sorgfältig überwachte Lizenzvergabe ist eine wirksame und sehr lukrative Möglichkeit, eine Handelsmarke zu unterstützen. Doch ist Vorsicht geboten, und die Kontrolle über Qualität und Marketing sollte gewährleistet sein. Wird ein Designer-Name zu häufig verwendet, kann dies den Wert mindern: In den 80er Jahren hatte Pierre Cardin über 800 Lizenzen vergeben, unter anderem sogar für Tauchausrüstungen. Andere Unternehmen, etwa Hermès, behalten stets strengste Kontrolle über ihre Lizenzen und arbeiten nur mit ihrer eigenen Werkstatt, um sicherzustellen, daß sich der Markenname nicht abnutzt.

schon Opfer dieser Produktpiraterie, die Mitte der 80er Jahre extreme Ausmaße annahm. Etwa 90 Prozent aller angebotenen Taschen von Louis Vuitton waren damals minderwertige Kopien. Durch verschärfte Kontrollen hat sich die Situation mittlerweile etwas gebessert, aber ein erfolgreiches Produkt wird auch weiterhin zur illegalen Nachahmung einladen.

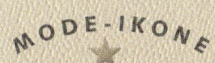

MODE-IKONE

Der amerikanische Designer **Ralph Lauren** (geb. 1939, siehe S. 104) erkannte schnell die schier grenzenlosen Möglichkeiten einer Verkaufsstrategie, die nicht nur Kleidung, sondern gleich eine ganze Lebensart anpries. Er nahm sich den Lebensstil der 30er und 40er vor, entwarf klassische amerikanische Sportswear und gab ein Vermögen für wunderschön fotografierte Werbekampagnen aus, die seine Idealvorstellung des schönen, reichen Lebens an der amerikanischen Ostküste wiederspiegelten. Großes Geschick bewies er auch bei seinem ›Polo Sport‹-Label. Er schuf damit ein gut zu erkennendes Statussymbol, für das viele Kunden gern einen Aufpreis zahlten.

Filmen und erfolgreichen Fernsehserien unterzubringen. Die Ausstattung von Serien wie *Miami Vice* und *Denver Clan* durch Hugo Boss förderte beispielsweise das internationale Ansehen des deutschen Unternehmens.

Bis sich eine Handelsmarke jedoch erfolgreich durchsetzt, braucht man gute Nerven. Nach Schätzungen nehmen 17 von 20 neuen Marken ein schnelles und kostspieliges Ende. Ironischerweise kann man den Erfolg eines Produkts am besten daran ablesen, wie oft es illegal kopiert wird. Große Namen wie Chanel, Ralph Lauren Polo, Armani, Gucci, Calvin Klein, Versace, Hermès und Prada waren alle

1981 Die US-Fernsehserie *Denver Clan* macht die Mode der Reihe populär sowie die Parfüms ›Krystle‹ und ›Scoundrel‹ – Anspielungen auf die beiden weiblichen Hauptrollen.

1986 Prinz Charles gesteht im britischen Fernsehen, daß er mit Pflanzen spricht.

1987 In dem Film *Wall Street* erklärt Hauptdarsteller Michael Douglas: »Gier ist gut« und »Lunch ist nur was für Schwächlinge«.

1980er Jahre

Power-Mode
Schulterpolster und Trainingsanzüge

Als die britische Designerin Katherine Hamnett (geb. 1948) sich für den Begriff ›Power Dressing‹ verantwortlich erklärte, meinte sie damit nicht nur den Aufstieg der Frauen am Arbeitsplatz, sondern auch die

breiten Schulterpolster, die zum Markenzeichen der aggressiven Mode Mitte der 80er Jahre geworden waren. Aufsehen erregt haben ihre Message-T-Shirts mit politischen Statements. Neben einer Kleidung à la ›Denver Clan‹ gab es aber noch andere typische Stilelemente: Die Frisuren hielten nur dank Unmengen von Haarspray, und der Lidschatten konnte nicht dick genug sein.

Powerfrau der 80er Jahre mit Schulterpolster

MODISCHE DETAILS

☞ Halsketten aus Bonbons: elastische Halsketten mit Brausebonbons, bei Teenagern sehr beliebt

☞ Karottenhosen: Hosen, die an den Schenkeln weit und unten sehr eng geschnitten sind

☞ Banana-Clips: große gebogene Haarspangen mit Zinken wie ein Kamm, senkrecht am Hinterkopf zu befestigen

☞ Snow-Wash-Jeans: extrem gebleichte Jeans

☞ Hypercolor-T-Shirts: T-Shirts, deren Farbe auf Hitze reagiert und sich je nach Temperatur verfärbt

Wer die schrecklich-schöne Mode der 80er Jahre verstehen will, muß nach den Gründen für Stilelemente wie bunte Stulpen, Hosen aus Fallschirmseide und pastellfarbene Kostümjacken fragen. Nach der wirtschaftlichen Flaute der späten 70er befand man sich mitten im ökonomischen Aufschwung. Thatcherismus, Reaganomics, Privatisierung und die Formel ›Gier ist gut‹ führten zu einer übertriebenen Selbstdarstellung: Der perfekte Körper war gefragt, ansonsten versteckte man ihn unter Unmengen Modeschmuck und weiten Hemden mit

Gummizug in der Taille. Designer *Claude Montana* (geb. 1949) brachte die wahrscheinlich breitesten Schultern auf den Markt, und das deutsche Label Mondi schuf sich eine eigene Nische für übertrieben dekorierte Blazer mit falschen Marine-

1988 Ein früherer Leiter des Stabs im Weißen Haus behauptet, daß Ronald Reagan vor wichtigen Entscheidungen einen Astrologen konsultiert.

1989 Britische Teenager nehmen Ecstasy, tanzen zur Musik von Acid House und tragen weite Sportkleidung mit Motiven der psychedelischen Hippie-Mode.

1990 Die Managerkrankheit wird zur Modekrankheit des Jahres. Sie befällt Menschen, die in ihren Berufen großem Druck ausgesetzt sind.

abzeichen und Goldknöpfen. Pastellfarbene Sakkos für Männer im Stil der TV-Serie *Miami Vice* sahen im sanften Licht Floridas bestimmt großartig aus, doch in der Kneipe einer deutschen Kleinstadt waren sie nicht mehr so wirkungsvoll.

Im Rückblick wurde die Mode der 80er wesentlich stärker von den Medien als der internationalen Mode auf den Laufstegen beeinflußt. Katherine Hamnetts Besuch bei Margaret Thatcher in einem T-Shirt mit dem Aufdruck ›58 % Don't Want Pershing‹ (58 % wollen keine Pershing-Raketen) löste mit Sicherheit die gewünschte Irritation aus. Doch vor allem wurde diese neue Form der Meinungsäußerung von vielen Pop-Ikonen der Zeit kopiert. Fast alle Teenager in den 80ern besaßen T-Shirts mit vielsagenden Aufdrucken. Ihre Eltern hingegen trugen nun leuchtende Farben, etwa in Form kirschroter oder mint-

Teenager-Look

Die Wiedergeburt des Teenagerfilms beeinflußte auch die Mode: Molly Ringwalds billiger Konfektions-Stil im Streifen *Pretty in Pink* (1986) und Madonnas Filmdebüt in *Susan, verzweifelt gesucht* (1985) ermutigten junge Mädchen, billigen Modeschmuck und Leggings zu tragen. Junge Männer sah man in engen Hemden und Boleros, manchmal sogar mit funkelnden Accessoires.

Pretty in Pink: Molly Ringwald in den abgelegten Kleidern ihrer Oma

grüner Freizeitkleidung, die im größten Irrtum der Mode der späten 80er Jahre gipfelte – dem Trainingsanzug aus Fallschirmseide, der in den meisten Fällen nicht nur schweißtreibend, sondern auch leicht entzündlich war. Die Konzentration auf ökologische Fragen und Naturprodukte in den 90er Jahren setzte schließlich dem übertriebenen Stil der 80er ein Ende. Armanis subtile Anzugmode und ein neuer Minimalismus in der Kleidung vertrieben Stulpen und weite Hemden. Trotz Versuchen, die Schulterpolster in jüngerer Zeit wieder einzuführen, findet man sie heute wohl nur noch in Secondhand-Läden.

Krystle und Alexis – Konkurrentinnen in der Kultserie *Denver Clan*

123

1980 Gwen Matthewman aus der britischen Grafschaft Yorkshire ist die schnellste Strickerin der Welt. Ihr Rekord: 111 Maschen in der Minute.

1981 Das italienische Kabinett tritt zurück, nachdem 953 Regierungsbeamten Verbindungen zu einem Freimaurerbund nachgewiesen werden.

1986 Die russische Raumstation Mir wird auf die Erdumlaufbahn gebracht. In der Folge ereignen sich mehrere Unfälle.

1980 bis heute
Der Meister der Eleganz
Giorgio Armani

Er ist der König des schlichten eleganten Anzugs und ein Meister der Untertreibung. Giorgio Armani (geb. 1934) gehört zu den einflußreichsten kreativen Talenten unserer Zeit. Zu Beginn der 80er erscheint er als erster Modedesigner, nach Christian Dior, auf dem Titel der ›Times‹. Mitte der 80er Jahre machte er Anzüge mit weichen Schulterpartien populär, die zu einem Stützpfeiler der Mode des ausgehenden 20. Jahrhunderts wurden. Sein Einfluß ist überwältigend und sein Name in Italien hochgeschätzt. Wer seinen Firmensitz in Mailand besucht, sieht bereits auf dem Flughafen den beleuchteten Hangar: Emporio Armani.

Er lächelt verschmitzt und ist stets gleichmäßig gebräunt – der Meister der Eleganz

Seit einigen Jahren entwirft Armani auch Unterwäsche (1996)

Im Gegensatz zu den meisten zeitgenössischen Designern, die von der Boulevardpresse mit den größten Lobeshymnen bedacht werden, kann Armani auf eine lange Berufserfahrung zurückblicken. Seine Lehrjahre begannen 1954 in dem Mailänder Kaufhaus Rinascente, für das er zu Anfang als Schaufensterdekorateur arbeitete. Nach sieben Jahren in der Design-Abteilung von *Nino Cerrutti* (geb. 1930) entwarf Armani für ihn die Herrenkollektion, ehe er 1974 sein eigenes Label für Herrenkleidung lancierte. Ein Jahr später folgte die Damenmode. Inzwischen ist Armani der erfolgreichste europäische Designer in den USA. Seit Entstehung seiner Anzugmode Mitte der 80er Jahre, hat sich sein Ethos jedoch kaum gewandelt. Sein Rezept war einfach: Anstatt eine Jacke

1988 Jasper Johns' Skulptur *False Start* wird für sensationelle 17,05 Millionen Dollar verkauft.

1991 In London wird die Obdachlosenzeitschrift *Big Issue* gegründet; sie findet bald Nachahmer in anderen Ländern.

1996 Europäische Paare haben durchschnittlich 1,5 Kinder, im Mittleren Osten und in Afrika sind es sechs.

Jodie Foster bevorzugt Armani-Anzüge – für Geschäftstreffen oder um sich den nächsten Oscar abzuholen

MODISCHE DETAILS

Armanis Farbpalette wird von ruhigen Farben wie Grau, Olivgrün, Rehbraun und Beige bestimmt. Seine Anzüge haben eine weiche Schulterpartie, einen beruhigten Schnitt und bestehen aus fließenden, kostspieligen Materialien. Die Blazer sind weit, die Hosen haben einen guten Sitz, und seine Damenmode ist von eher androgynem Charakter – für die berufstätige Frau. Junge italienische Frauen lieben seine kürzeren Röcke, die an der Hüfte geknotet werden.

nach konventionellen Prinzipien zu entwerfen, entwickelte er die Armani-Silhouette von der Schulter aus, wodurch die Konturen des Körpers weicher und Abnäher überflüssig wurden. Dieser Stil bedeutete eine willkommene Alternative zu der aggressiven Powermode.

Zu Beginn seiner Karriere waren Armanis Entwürfe sehr kostspielig, verwendete er doch so luxiöse Materialien wie Alpaka, Kaschmir und Wildleder. Um einen größeren Kundenkreis zu gewinnen und der wachsenden Nachfrage nach Markenartikeln entgegenzukommen, entwickelte er aber auch eine preiswertere Mode, die Kollektion ›Mani‹, die aus solch hochwertigen Kunstfasern hergestellt wurde, daß sie nicht kopiert werden konnte. Hinzu kam außerdem die von der Sportswear beeinflußte Kollektion ›Emporio Armani‹.

Armani verkörpert wie kein anderer den postmodernen Stil. Mag seine Mode auch anonym wirken, ihr Einfluß hat sich doch

Klatsch

Wehe dem Journalisten, der bei einer Modenschau von Armani gähnt. Denn es heißt, daß der Meister höchstpersönlich sein Publikum durch ein Fernglas beobachtet und seine zahlreichen Pressebeauftragten instruiert, mit einer Taschenlampe in das Gesicht des Übeltäters zu leuchten.

Armani-Fans schwören auf den bequemen Schnitt seiner Kleidung

bis zu den preiswerteren Massenprodukten durchgesetzt. Der zurückgezogen lebende Armani gibt selten Interviews, und sein Haupthaus in der Via Borgonuovo 21 in Mailand gleicht einer Festung, deren unterirdischer Bunker Schauplatz seiner Präsentationen ist. Die zeitgenössische italienische Mode wird von Prada und Gucci bestimmt, aber seit 20 Jahren – und vielleicht noch einmal so lange – ist der Armani-Anzug begehrter Ausdruck von Eleganz und Wohlstand.

1981 Papst Johannes Paul II. wird bei seiner wöchentlichen Audienz auf dem Petersplatz von einem türkischen Attentäter angeschossen.

1986 Norman Fosters Gebäude der Hongkong & Shanghai-Bank wird eröffnet. Nach dem Rat eines Feng-Shui-Experten wurde es zum Teil aus transparentem Material erbaut.

1989 Um Kenias entschlossenen Kampf gegen den Elfenbeinhandel hervorzuheben, verbrennt man in Nairobi 12 Mio. t Elfenbein im Wert von 3 Mio. Dollar.

1980–1997

Glanz und Tragödie
Versace

Gianni Versace (1946–1997) wird vor allem als tragischer Showman in Erinnerung bleiben, dessen überschwengliche Mode dem selbstbewußten Lebensgefühl der späten 80er und frühen 90er Jahre entsprach. Er war in jeder Hinsicht ein Star und eng befreundet mit den schillernden Persönlichkeiten, die er einkleidete.

Donatella und Gianni Versace: Sie arbeiteten von Anfang an zusammen

MODISCHE DETAILS

Die klassische Versace-Lederjacke bestand aus weichstem Leder, die Nähte wurden mit einer neuen Laser-Technik geschlossen, um harte Kanten zu vermeiden. Versaces Farben waren stets kräftig, seine Linien klar. Er ließ sich von historischer Kleidung inspirieren, und arbeitete sogar mit Metallmaterialien.

Versaces Karriere begann in der Schneiderwerkstatt seiner Mutter, als er 18 Jahre alt war. Später arbeitete er für die italienischen Firmen Genny und Callaghan und entwarf 1974 auch für Complice. Im März 1978 schuf er sein eigenes Label und damit einen Stil, der Männer- und Frauenbekleidung, Parfüm und schließlich auch Kinderkleidung zu einer Art Pendant von Rock-'n'-Roll-Klassikern machte. Versaces Stil beruhte auf seinem großen Verständnis für Schnitt und Proportion. Er vermied die stumpfen Beige- und Natur-

töne seines Landsmanns und Rivalen Giorgio Armani und entschied sich statt dessen für leuchtenden Satin, Metalltrikots und Rokokomuster. Er setzte auf das Risiko, machte Catsuit, Minirock und Bustier populär, und seine raffiniert geschnittenen und drapierten Kreationen verwandelten so manches Supermodel in eine überirdische Erscheinung.

Legendär waren seine Präsentationen: Laufstege

Liz Hurley: Bekannt wurde sie durch ihr Versace-Kleid und Freund Hugh Grant

1992 Serbische Truppen werden der ›ethnischen Säuberung‹ in Bosnien beschuldigt. Sie sollen muslimische Frauen auf Befehl vergewaltigt und geschwängert haben.

1994 Der Fußballclub AC Mailand gewinnt den europäischen Champion's Cup.

1997 Bei der Trauerfeier für Prinzessin Diana singt Elton John ›Candle in the Wind‹. Erst kurz zuvor hatte sie ihn auf Versaces Trauerfeier getröstet.

Viel Prominenz erwies Gianni Versace bei der Trauerfeier 1997 die letzte Ehre

aus Glas, darunter Bildschirme mit dem Videoclip der neuesten Single von Elton John, Spiegelkugeln wie in der Disco wurden von der Decke heruntergelassen und das prominente Publikum hätte einer Oscar-Verleihung alle Ehre gemacht. Die Liste seiner Kunden las sich wie ein *Who's Who* der Rock- und Medienwelt. Zu seinen größten Anhängern zählten Elton John, Madonna und Prinzessin Diana. Ein weiteres Kapitel der großen Karriere Versaces begann 1991/92, als er in Zusammenarbeit mit dem Choreographen Maurice Béjart Kostüme für Theater, Oper und Ballett entwarf. Die Leidenschaft für das Theater hatte sich stets in seiner Mode gezeigt.

Versaces schillernde Karriere nahm ein abruptes und grausames Ende, als er am 15. Juli 1997 vor seinem Haus in Miami Beach erschossen wurde. Seine Schwester und Muse Donatella, die von Anfang an mit ihm zusammengearbeitet hatte, übernahm die kreative Leitung seines Hauses und erntete sowohl von Kritikern als auch von Kunden beträchtliche Anerkennung. Leuchtende Farben und klare, fließende Linien bestimmen weiterhin die Versace-Mode sowie historisch inspirierte Kreationen und der für das Label typische witzig-erotische Stil.

Popstars machen Mode

So wie die Filmstars in den 30er und 40er Jahren waren auch die Popstars der 80er und 90er für neue Modetrends verantwortlich: ob Boy Georges Make-up und Zöpfchen (siehe S. 119), die Plateauschuhe der Spice Girls (siehe S. 41) oder Geri Halliwells Union-Jack-Kleid. Mode machten auch Madonnas Unterwäsche-Look (siehe S. 95), ihre Schlauchröcke, die den Bauchnabel frei lassen, Camisols aus Spitze, lange, schwarze Handschuhe und Ketten mit Perlen und Kruzifix. Michael Jackson brachte uns dazu, nur einen Handschuh zu tragen. Auch die Punk- (s. S. 108 f.), Grunge- (siehe S. 135) und Disco-Mode (siehe S. 92 f.) wurden durch Popstars populär. Eine Ausnahme bilden allerdings Elton Johns gräßliche Lurex-Anzüge und seine übertriebenen, häufig mit Straß besetzten Brillen, die nur höchst selten Nachahmer finden.

1981 Ian Paisley wird aus dem britischen Unterhaus ausgeschlossen, nachdem er auf den Minister für Nordirland mit unangemessenen Ausdrücken Bezug genommen hatte.

1982 Alice Walker schreibt das Buch *Die Farbe Lila*, das 1985 mit Whoopi Goldberg und Oprah Winfrey verfilmt wird.

1987 Bernardo Bertoluccis *Der letzte Kaiser* erhält für die beste Regie und als bester Film des Jahres je einen Oscar.

1980 bis heute
Italienische Konkurrenten
Prada und Gucci

Jede Zeit hat ihre Mode-Ikonen. In den 70er Jahren machte Yves Saint Laurent (siehe S. 90 f.) die Ethno-Mode gesellschaftsfähig, die sogar konservative Kundinnen zum Kauf eines Kaftans veranlaßte. In den 80ern regierte das Haus Chanel (siehe S. 42 f.), und eine neue Generation von Yuppies war hingerissen von all dem glitzernden Modeschmuck. Mit den 90ern traten schließlich italienische Designer ins Rampenlicht, und während Giorgio Armani (siehe S. 124 f.) immer noch die Karrierefrau kleidete, lockten Prada und Gucci bereits mit verführerischen Kreationen – hochwertigen Schuhen, Handtaschen, Koffern und Accessoires aus Leder.

Dolce & Gabbana entwerfen eine erotischfreche Mode, brechen mit feministischen Idealen – und haben Erfolg

Gucci oder Prada?

Dynamisches Duo

Domenico Dolce (geb. 1958) und **Stefano Gabbana** (geb. 1962) sind ein erfolgreiches Gespann in der italienischen Modebranche. Ihre loyale Klientel versorgen sie mit einer erotisch-sizilianischen Mode. Mit ihrer Hauptkollektion und der sehr populären Zweitkollektion D&G hat sich das Duo auf eine respektlose Mode spezialisiert und läßt sich häufig von süditalienischer Kultur und Traditionen inspirieren. Anerkennung finden sie auch bei Prominenten wie Madonna, die ihre Kreationen auf einer Tournee trug.

Prada und Gucci sind wie die Skylla und Charybdis der zeitgenössischen Mode. Es verbindet sie eine gegenseitige Abneigung, und sie trennt eine vollkommen unterschiedliche Ästhetik. Während Prada eine intellektuelle Auffassung von Mode für sich beansprucht, will Gucci vor allem Spaß haben. Auf diese Weise repräsentieren die beiden Häuser zwei Extreme derselben luxusorientierten Branche.

Gucci wurde 1921 vom Sattlermeister Guccio Gucci als Geschäft für Lederwaren gegründet, Prada entstand 1913 als Lieferant für feinste Leder- und Importwaren. Die Haupteinnahmen beider Unternehmen gründen sich heute auf den Verkauf von Schuhen und Handtaschen sowie, zumin-

1991 Romanautorin Barbara Cartland, stets in Variationen von Rosa gekleidet, wird geadelt.

1992 Der Bestellkatalog von Sears wird an 14 Millionen Haushalte in den USA ausgeliefert, die Verkaufszahlen belaufen sich auf 3,3 Billionen Dollar.

1996 John F. Kennedy Jr., der als Amerikas begehrtester Junggeselle gilt, heiratet Carolyn Bessette, die früher für Calvin Klein Ltd. gearbeitet hat.

dest bei Gucci, von völlig andersartigen Artikeln – nämlich Hundekörben, Handschellen, Katzen- und Hundehalsbändern. Das in den 50er und 60er Jahren berühmt gewordene Haus Gucci stand aufgrund übertriebener Lizenzvergaben Mitte der 80er Jahre kurz vor dem Untergang. Mehr als 20 000 Produkte trugen den Namen Gucci, und zu viele davon waren leider nur billige Massenprodukte. 1989 wendete sich jedoch das Blatt, und Gucci erlebte einen neuen Aufschwung, als die Enkelkinder des Firmengründers ihre Anteile an eine Investmentgesellschaft verkauften. Diese sorgte für eine drastische Reduzierung der Lizenzen und stellte 1994 *Tom Ford* (geb. 1962) als leitenden Designer ein, der alle früheren Erfolge des Hauses in den Schatten stellte.

Weniger dramatisch ist die Geschichte des Hauses Prada, doch als *Miuccia Prada* (geb. 1950) zusammen mit ihrem Ehemann und dem Geschäftspartner Patrizio Bertelli das Familienunternehmen 1978 übernahm, war es buchstäblich bank-

> ### MODISCHE DETAILS
>
> Prada brachte 1992 die Kollektion ›Miu Miu‹ auf den Markt, 1997 die preisgünstige ›Prada Sport‹. Gucci bietet Parfüms an sowie zu Schuhen und Taschen passende Augenkosmetik. Ob man sich nun für Nylonjacken von Prada oder mit Nerz gefaßte Jeans von Gucci entscheidet, beide Labels bestimmen die Trends zu Beginn des neuen Jahrtausends.

rott. Miuccia Prada entdeckte das Metalldreieck wieder, das ihren Vorfahren als Monogramm für ihre Taschen gedient hatte. Mit der Verwendung des damals nicht gebräuchlichen Nylons schuf sie außerdem eine ganz neue, revolutionäre Form der Handtaschenmode sowie eine zum Markenzeichen gewordene Herstellungsart.

In Mailand kann man die Popularität der Häuser an dem Strom der Touristen ablesen, die sich zwischen dem Hauptgeschäft von Gucci in der Via Montenapoleone und der Boutique von Prada in der Via Andrea Maffei hin und her bewegen. Hochbegehrt sind sie beide.

Kate Moss in samtener Hüfthose und Seidenbluse von Gucci, 1995

129

1983 Valentino entwirft einen schwarzweiß karierten Mantel, zu dem man schwarze Pumps mit schwarzweiß karierter Sohle trägt.

1988 Jean-Michel Basquiat stirbt an einer Überdosis Drogen. Vor der Zusammenarbeit mit Andy Warhol begann er seine Karriere als Graffiti-Künstler in der New Yorker U-Bahn.

1991 In Southampton stehlen zwei Künstler, fü die Entstehung einiger Ko kreise verantwortlich zu se weltweit glauben Tausend jedoch immer noch an de Einfluß Außerirdischer.

1980 bis heute

Konservativer Schick
Deutsche Mode

Ein Mantel von Jil Sander.
Stil ist stets klassisch-schlic

Während London die neuesten schockierenden Kreationen eines Jungdesigners verdaut, Paris ein vielversprechendes Talent aus Japan mit offenen Armen empfängt und Mailand sich fragt, welche Prominenten bei der Versace-Schau auftauchen werden, kleidet Deutschland die Welt in geschmackvoll konservativen Schick. Für die Modebegeisterten mag Düsseldorf im Rheinland nicht gerade das Herzstück der europäischen Modebranche darstellen, doch auch außerhalb Deutschlands findet man in vielen Boutiquen ebensoviele deutsche Labels wie elegante französische oder raffinierte italienische Modelle.

Olsen

Das Modehaus Olsen setzt auf Kombi-Mode und Strickwaren und zeigt beispielhaft eine klassische deutsche Erfolgsgeschichte auf. Das Familienunternehmen wurde 1901 gegründet und besaß keine eigene Handelsmarke, bis man sich 1995 für ein eigenes Label entschied. Heute beläuft sich der jährliche Umsatz auf 180 Millionen Mark. In ganz Europa und auch in Nordamerika gibt es bereits mehrere tausend Fachgeschäfte. Ein beachtlicher Erfolg für die Hersteller von Pullovern.

Düsseldorf ist der Schauplatz der CPD, der größten Modemesse der Welt. In den 14 Ausstellungshallen gibt es alles von der eleganten Abendgarderobe bis zum klassischen Dirndl, und für viele Einkäufer ist die Messe einer der Hauptanziehungspunkte der Saison.

Deutsche Mode wird weniger von *Karl Lagerfeld* (siehe S. 78 f.) und *Jil Sander* (geb. 1943) bestimmt, die ihren Schwerpunkt auf das Ausland verlagert haben (letzte Meldungen besagen, daß sich Jil Sander in Mailand aus dem Rampenlicht der Modeszene verabschiedet und ihr Imperium aufgegeben hat), sie wird vielmehr von den Giganten der Konfektionskleidung dominiert, wie etwa Escada, Mondi und Betty Barclay, deren Stil vor allem jene Frauen anspricht, die sich nicht länger nach den neuesten Trends richten, aber trotzdem gut gekleidet sein wollen. Obwohl der deutschen Mode nicht gerade besonders viel Schick nachgesagt wird, ist ihre soziologische Bedeutung doch wesentlich größer, als ihre Kritiker wahrhaben wollen, denn statt unerreichbare Traumwelten vorzugaukeln, verliert sie nie den Bezug zur Realität. Der Blazer mit

130

1995 Nick Leeson führt den Bankrott der Barings-Bank herbei, nachdem er auf dem Terminmarkt von Singapur bis zu 620 Mio Pfund verloren hat.

1996 In Norwegen entwirft Hege Solli ein Hochzeitskleid mit einer 200 Meter langen Schleppe.

1998 In Großbritannien verdient Delia Smith ein Vermögen, indem sie den Menschen zeigt, wie man ein Ei kocht.

Goldknöpfen, unergründlichen Abzeichen und breiten Schultern, hochmodern in den 80er Jahren, stammt vermutlich von Mondi, das strenge Kostüm der Schwiegermutter wurde vermutlich in den Münchner Ateliers von Escada entworfen, und die bequeme Bluse mit dem passenden Rock, ideal für einen Sonntagsausflug mit anschließendem Kaffeebesuch, kommt mit Sicherheit von Betty Barclay.

Fragt man einen Vertreter der deutschen Bekleidungsindustrie nach seiner Branche, schwärmt er von bequemen Hosen mit Gummizug, der beliebten Freizeitkleidung oder den Vorzügen pflegeleichter Materialien wie Tencel. Der Einzelhändler lobt die prompte Lieferung, den guten Sitz und die hervorragende Qualität, die selbst Marken mit wenig verheißungsvollen Namen so begehrenswert erscheinen läßt wie einen Artikel von Prada. Deutsche Mode erfüllt die Bedürfnisse des Alltags, sie ist bequem und klassisch, aber längst nicht so gediegen wie ihr Ruf.

Das Unternehmen Escada, das 1982 auf den amerikanischen Markt expandierte, arbeitet inzwischen

Kate Moss in einem typischen Outfit von Jil Sander

> ### MODISCHE DETAILS
>
> Mitte der 80er Jahre war Jil Sander eine Wegbereiterin des Minimalismus. Ihre schlichte, klar geschnittene Mode weist viele Elemente der Männerkleidung auf. Typisch sind beste Materialien und neutrale Farben. Ihre klassischen Hosenanzüge und Jacken sind zeitlos elegant. Längst nicht so innovativ sind Basler, Ara und Bianca, ihre Zielgruppe ist die Mittelschicht.

Bequeme Mode für die Mittelschicht: Betty Barclay

mit beratenden Designern wie dem Amerikaner *Todd Oldham* (geb. 1961) zusammen, um sein Image aufzupolieren. Der Stil von Mondi erhält durch Maggie Norris von Ralph Lauren (siehe S. 104) neue Impulse, und ehemals konservative Labels wie Strenesse haben ihren Kollektionen mit Präsentationen in Mailand neuen Schwung gegeben.

Kreativität ist kein vorstechendes Merkmal deutscher Mode (Ausnahmen bestätigen die Regel), doch in den meisten Fällen werden wir uns lieber für einen deutschen Hosenanzug als für ein extravagantes Modell von Galliano entscheiden.

1991 Der Tanzstil ›Vogueing‹, von schwarzen und italo-amerikanischen Transvestiten in Harlem als Parodie auf Mannequins entwickelt, wird im Film *Paris is Burning* eingefangen.

1992 Der Boxer Mike Tyson wird zu sechs Jahren Gefängnis verurteilt. Er hat Desiree Washington vergewaltigt.

1993 Schauspielerin Kim Basinger muß 8,9 Mio. Dollar Strafe zahlen, da sie sich weigert, in *Boxing Helena* eine Frau zu spielen, der die Gliedmaßen abgetrennt wurden und die nun in einer Kiste gehalten wird.

1990–1998

Supermodels
Die strahlenden Stars der Modewelt

Als Linda Evangelista erklärte, »Für weniger als 10 000 Dollar am Tag stehen wir morgens erst gar nicht auf«, wurde der Welt bewußt, daß sich ein ganz neuer Typ von Models entwickelt hatte – das Supermodel. In den frühen 90er Jahren folgte die Elite der Models dem Prinzip ›Image gleich Einkommen‹ – und war damit ausgesprochen erfolgreich.

Cover der britischen *Vogue* von 1990 mit Naomi, Linda, Tatjana, Christy und Cindy

Die Bezeichnung ›Supermodel‹ kam in den späten 80er Jahren auf, als einige Topmodels den Status von Superstars erreicht hatten und trotz Rezession den Erfolg der Labels von Luxusgütern gewährleisten konnten. Die meisten Designer zahlten bereitwillig die geforderten astronomischen Gagen, denn sie erhielten ein Vielfaches zurück. Die amazonenhafte Tatjana Patitz, die klassisch schöne Christy Turlington, das ›All-American Girl‹ Cindy Crawford, die androgyne und wandlungsfähige Linda Evangelista, die katzenhafte Naomi Campbell (das erste schwarze Covergirl der französö-

Money, money, money

Christy Turlington befand sich auf dem Höhepunkt ihres Erfolgs, als Calvin Klein für einen Vertrag mit ihr 3 Mio. Dollar zahlte, Claudia Schiffer verdiente damals 12 Mio. im Jahr. Auch Cindy Crawford machte als Amerikas beliebtestes ›Calendar Girl‹ ein Vermögen, und der Auftritt eines Supermodels in Mailand kostete Versace jeweils 30 000 Pfund. Versuche der Supermodels, auch in anderen Sparten Fuß zu fassen, schlugen fehl, etwa Naomi Campbells fruchtlose Bemühungen als Romanautorin und Popsängerin. Das Fastfood-Projekt ›The Fashion Café‹ einiger Supermodels kam ebenfalls niemals richtig in Schwung (Fastfood und Supermodels passen einfach nicht zusammen).

Gerüchte über Streitigkeiten haben die Supermodels stets zurückgewiesen

1994 Julia Roberts, Tim Robbins, Cher und zahlreiche andere Stars treten in Robert Altmans Film *Prêt-a-Porter* auf, der während der Modenschauen in Paris spielt.

1996 Die siebenjährige Jessica Dubroff kommt ums Leben, als sie versucht, die USA zu überfliegen.

1997 In London findet der erste Schönheitswettbewerb von Lesbierinnen statt.

sischen *Vogue*) und die blonde Traumfrau Claudia Schiffer – sie alle besaßen den sogenannten ›X-Faktor‹, der die begeisterte Öffentlichkeit zum Kauf animierte. Fotograf *Steven Meisel* (geb. 1954) prägte den vielsagenden Begriff ›Triumvirat‹ für Turlington, Campbell und Evangelista und trug viel zur Entwicklung und Erhaltung ihrer faszinierenden Wirkung bei.

Kate Moss: Sie steht für eine neue Generation von Models

Twiggy II

Durch **Kate Moss** sollte das Bild vom Model einen radikalen Wandel erfahren. Anders als die Supermodels der frühen 90er ist sie geradezu mager, nur 1,70 Meter groß und hat leichte O-Beine. Mit nur 21 Jahren hatte sie jedoch bereits einen Zwei-Millionen-Dollar-Vertrag mit Calvin Klein (siehe S. 104) in der Tasche. Entdeckt wurde sie von dem einflußreichen Modefotografen Corrine Day (S. 34), und ihr lässiges Auftreten paßte einfach perfekt zu Calvin Kleins neuesten Werbekampagnen, insbesondere für sein Parfüm CKOne. Obwohl ihr Verhalten in vielerlei Hinsicht an die Supermodels (prominente Freunde, zahllose Partys) erinnert, unterscheidet sie sich doch deutlich von ihren strahlenden Vorgängerinnen. Das Besondere an ihr ist paradoxerweise ihre herausstechende ›Durchschnittlichkeit‹, und sie ist auch etwas jünger als die anderen.

Klatsch Das Liebesleben der Supermodels war bald viel interessanter als die Kleidung, die sie vorführten. So ging zum Beispiel Naomi Campbell gern mit jedem aus, der in die Schlagzeilen kam, ob Mike Tyson, Robert De Niro oder der spanische Flamencotänzer Joaquim Cortéz. Es gab die wechselhafte Beziehung zwischen Kate Moss und Johnny Depp (und sogar Berichte, daß die beiden in Champagner badeten), Lindas Romanze mit Kyle MacLachlan, Helena Christensen und Michael Hutchence und die seltsame Ehe von Cindy Crawford und Richard Gere, die kurz nach einer Anzeige in der Londoner *Times* endete, in der sie sich ewige Liebe geschworen hatten.

Der Kult mit den Supermodels nahm immer größere Ausmaße an. George Michael machte sie mit seinem Musikvideo ›Freedom‹ endgültig zu Megastars. Bodyguards beschützten sie, man widmete ihnen ganze Magazine, schrieb Bücher für oder über sie und brachte Supermodel-Puppen auf den Markt.

Berichte über interne Streitereien, wer welches Kleid trägt, allgemeine Empörung über die hohen Gagen und eine völlig neue Model-Generation, angeführt von Kate Moss, beschleunigte Ende der 90er Jahre jedoch den Niedergang der Supermodels. Die Zeit der uneingeschränkten Herrschaft war vorüber.

1991 In dem Film *Und täglich grüßt das Murmeltier* wiederholt sich ein bestimmter Tag in einer Kleinstadt in Pennsylvania wieder und wieder.

1992 Woody Allen und Mia Farrow trennen sich, als Mia herausfindet, daß er mit ihrer 21jährigen Adoptivtochter Soon-Yi eine Affäre hat.

1993 Rockstar Prince ändert seinen Namen und heißt nun ›The Artist Formerly Known as Prince‹.

1991–1999

Verdrehte Mode
Dekonstruktivismus

Model oder Dummy? – Margiela präsentiert Mode

Einem derart unakademischen Thema wie der Mode verleiht der Begriff ›Dekonstruktivismus‹ eine überraschend intellektuelle Note. Gemeint ist eine neue Betrachtungsweise von Kleidung, bei der die einzelnen Elemente im Vordergrund stehen und zu neuen Formen zusammengesetzt werden. Die Innenseite einer Jacke kann dabei nach außen gestülpt werden, ungesäumte Kanten oder halbfertige Säume werden Teil des Designs, und in Extremfällen ergibt ein einfaches Stück Stoff, das man sich um den Körper wickelt, einen Rock. Somit stellt der Dekonstruktivismus liebgewordene Gewohnheiten in Frage.

Mode aus Laken: ein Kleid von Ann Demeulemeester

Die Geburtsstadt dieses eigenartig deformierten Stils ist Antwerpen in Belgien, einem Land, das vor allem für seine Pommes frites und Schokolade bekannt ist. Antwerpen hat jedoch einige höchst avantgardistische Designer der späten 90er Jahre hervorgebracht, insbesondere *Martin Margiela* (geb. 1957), *Ann Demeulemeester* (geb. 1959), *Dries van Noten* (geb. 1958) sowie Walter van Bierendonck von W&LT. Sie alle waren Wegbereiter des Dekonstruktivismus und haben die klassische Schneiderkunst neu

---

MODISCHE DETAILS

☞ Typisch für den Look Margielas sind Jacken mit ausgerissenen Ärmeln, altmodische und geblümte Stoffe sowie mit der Innenseite nach außen getragene Modelle.
☞ Ensembles von Demeulemeester bestehen aus Hippiestoffen und langen Mänteln oder Westen mit langen Wickelröcken oder Hosen.
☞ Van Noten bevorzugt mehrere Lagen Jersey und Strickwaren aus Seide, diagonal geknöpfte Staubmäntel und Jacken.

1995 Der Fußballspieler Eric Cantona attackiert einen Fan mit einem Kung-Fu-Tritt.

1997 Ein Fallschirmspringer überlebt einen Sturz aus 3660 Metern Höhe, nachdem sich sein Fallschirm nicht geöffnet hat: Er landet auf seinem Ausbilder, der dabei umkommt.

1999 Monica Lewinskys Buch über ihre Beziehung zu US-Präsident Clinton erscheint in den Bestsellerlisten, obwohl man ihre Geschichten bereits unzählige Male gehört hat.

definiert, die doch stets die Domäne berühmter Werkstätten in Paris, Mailand oder in Londons Savile Row (siehe S. 20 f.) gewesen war. Sie alle waren außerdem Studenten der Antwerp Academy, die sich durchaus mit Modeschulen wie dem Saint Martin's College in London oder dem Parson's College in New York messen kann.

Schlampiger Schick

Anfang der 90er Jahre entwickelte sich der **Grunge**, eine von Teenagern und Popstars bevorzugte Anti-Mode. Charakteristisch waren zerrissene, viel zu große oder kleine Kleider sowie Farben und Muster, die nicht zusammenpaßten. Stets zu neuen Trends bereit, zeigte sich auch Madonna im Grunge-Look mit glattem Haar, weiten Kleidern und zerrissenen Jacken. Anhänger des Stils sammelten ihre Outfits anfänglich in Billigläden zusammen, bis einige Designer den Trend zur Mode machten und ihm so den Dolchstoß versetzten.

De-Konstruktionen

Trotz des gemeinsamen Hintergrunds, haben sich diese Designer doch große Individualität bewahrt. Die Mode von Dries van Noten wird von einem Ethno-Stil und großer Farbigkeit bestimmt, in Verbindung mit verschiedensten Mustern und Materialien. Demeulemeester ist berühmt für ihre ungewöhnlichen Kombinationen von Materialien und ihre innovativen Formen. Martin Margiela (vielleicht der Hohepriester der Dekonstruktion) hat das allgemeine Verständnis von Design radikal in Frage gestellt, indem er etwa Armlöcher an ungewöhnliche Stellen versetzte, die Silhouette auf den Kopf stellte und die ehemals verborgenen Nähte auf Jacken oder Mänteln sichtbar werden ließ. Als Belohnung für sein avantgardistisches Modeverständnis wurde er Designer des luxuriösen Hauses Hermès. Offenbar ist das, was früher ausschließlich als Extrem-Trend des ›Untergrunds‹ galt, inzwischen längst gesellschaftsfähig.

Nirvana aus der US-Stadt Seattle waren Anhänger des Grunge

Auch Michael Jackson zeigte sich zerschlissen

1997 Es regnet in Strömen, als Großbritannien die Kronkolonie Hongkong in einer feierlichen Zeremonie an China übergibt.

1997 Der britische Geheimdienst MI5 wirbt in der Presse für die Ausbildung zum Spion.

1998 Die ›Tamworth Two‹ beherrschen die britischen Medien: Den beiden furchtlosen Schweinen war die Flucht aus einem Schlachthof gelungen.

1997–1999

Cool Britannia
Originalität und Street Style

Eine Schau von McQueen mit Gesangs- und Tanzeinlagen

Handelte es sich früher auch um wenig aufsehenerregende Ereignisse, inzwischen haben die Londoner Schauen die Modeindustrie Großbritanniens zum Tummelplatz internationaler Einkäufer werden lassen. All die Talente aufzulisten, die die Stadt hervorgebracht hat, wäre geradezu absurd: Das Geheimnis der Modehauptstadt London liegt in ihrer Vielfältigkeit, die von internationalen Größen wie Alexander McQueen (geb. 1969) und John Galliano (geb. 1960) bei Givenchy und Dior bis zu zahllosen Jungdesignern reicht, denen viele Unternehmen in Übersee neue Impulse verdanken. Berühmt-berüchtigt und stets für Furore sorgend sind die spektakulären Modeschauen britischer Designer, in denen die Zuschauer Teil fesselnder Phantasie-Szenarien werden.

Der Auslöser für diese Welle der Kreativität ist schwer zu fassen. Vielleicht ist der wirtschaftliche Optimismus durch New Labour und Tony Blair verantwortlich. London wird allerdings auch schon seit langem mit einer einflußstarken Straßenmode in Verbindung gebracht, und die Wahrscheinlichkeit ist groß, daß man beim Besuch in einem Londoner Nachtclub auf jemanden wie Jean Paul Gaultier (siehe S. 95) trifft, der in einer Ecke hektisch zeichnet. Im Grunde ist es jedoch das Verdienst der britischen Modeschulen, daß jedes Jahr eine Vielzahl britischer Designer in der internationalen Modebranche auftauchen, besonders hervorzuheben ist an dieser Stelle das Central Saint Martin's College of Art and Design (siehe Kästchen).

Trotz großer Zurückhaltung der

Horror-Schau

Britische Designer sind für ihre Theatralik ebenso berüchtigt wie für beeindruckende Kreationen. Wer das Glück hat, eine Präsentation von Alexander McQueen oder John Galliano zu sehen, sollte auf alles vorbereitet sein: Eisläufer in einem mit Schnee gefüllten Plexiglaswürfel oder ein Model, das auf einem Pferd über den Laufsteg galoppiert. Nicht immer sind solche Horror-Schauen jedoch erfolgreich. Andrew Groves schockierte sein Publikum mit einem Kleid, das mit lebenden Schmeißfliegen gefüllt war, sowie mit Models, die – mit brennbarer Flüssigkeit getränkt – zu lebenden Flammen wurden.

Kreative britische Mode, nicht unbedingt tragbar

1998 Hanif Kureishi schreibt einen Roman über einen Mann, der seine Frau und zwei Kinder verläßt, nachdem er selbst Partnerin und Kinder verlassen hat.

1999 David Beckham und ›Posh Spice‹ bekommen einen Sohn, Brooklyn.

1999 Historische Filme werden dieses Jahr mit Preisen überhäuft: *Shakespeare in Love* gewinnt jede Menge Oscars und *Elizabeth* wird mit BAFTAs belohnt.

Ein Showman der Extraklasse: John Galliano

heimischen Presse und trotz französischer wie amerikanischer Bemühungen, britische Talente ins Ausland zu locken, bleibt London eine der tonangebenden Modehauptstädte. Labels wie Vexed Generation, YMC und Maharishi haben die Anhänger der Sportswear für eine moderne, minimalistische Mode gewinnen können, während zahlungskräftigen Modeenthusiasten eine reiche Auswahl an Boutiquen wie ›The Cross‹, ›Fashion Gallery‹ und ›Voyage‹ zur Verfügung steht.

Darüber hinaus existieren selbstverständlich auch noch die Modenschauen Londons, die eine Quelle vielversprechender Talente darstellen. In wirtschaftlicher Hinsicht kann sich die britische Mode zwar nicht mit Giganten wie Armani oder Calvin Klein messen, doch das allgemeine Interesse an neuem Design wächst und somit auch der kommerzielle Erfolg der kreativen britischen Mode.

Stella McCartney machte Karriere – vom Saint Martin's zu Chloé

2006 Die Turnüre kommt wieder in Mode – je größer desto besser. Exklusive Geschäfte und Clubs müssen ihre Türen verbreitern lassen, damit die Frauen hindurchpassen.

2018 Genetisch veränderte Blumen kommen auf den Markt. Sie blühen und duften das ganze Jahr hindurch.

2024 Kleider werden nicht länger in Kabine anprobiert: In den Ho gramm-Maschinen vie Geschäfte kann man s im neuen Kleid betrac

Das 21. Jahrhundert
Was tragen wir morgen?
Futuristische Mode

Wir haben das dritte Jahrtausend erreicht. Doch unsere Vorstellungen von der Mode der Zukunft werden noch immer von den Konzepten des Futurismus bestimmt, den die Space-Age-Designer der 60er Jahre – Pierre Cardin, André Courrèges und Paco Rabanne (siehe S. 88 f.) – populär gemacht haben. Werden sich die Designer von morgen von der Straßenkultur beeinflussen lassen oder doch eher von Jane Fondas futuristischem Outfit im Science-fiction-Film ›Barbarella‹ aus dem Jahr 1968?

Die heutige Mode ist so vielgestaltig, daß weder die Kollektionen großer Modeschöpfer noch der Massenmarkt eine stilbestimmende Führungsrolle besitzen. Trends halten sich länger als früher, und Kleidungsstücke aus einem Couture-Salon findet man womöglich als Kopien in den Kaufhäusern wieder – allerdings aus Polyester statt aus handbesticktem Satin. Der Begriff ›Mode‹ hat eine viel breitere Bedeutung erlangt, umschließt inzwischen auch unsere Speisen, unsere Wohnungseinrichtungen und die Pflanzen in unseren Gärten.

Das Bedürfnis, uns durch Konsum unerreichbare Träume zu erfüllen, hat zu einem kreativen Notstand geführt. Analytiker des Einzelhandels beschreiben den heutigen Massenmarkt als ›risikoscheu‹: Die Design-Abteilungen der einzelnen Ladenketten gehen lieber auf Nummer sicher, denn ihre neuen Kollektionen sollen ja dem richtigen Trend der internationalen Defilees folgen. Das Resultat ist eine Mode von geringer Kreativität und begrenztem Reiz für die Kunden, deren Kleidung sich oft nur noch durch das Label unterscheidet.

Diese Ästhetik der Vereinheitlichung hat starken Einfluß auf den Massenmarkt,

Jane Fonda im futuristischen Look aus dem Science-fiction-Film *Barbarella* (1968)

2039 Oasis feiern ihr Comeback: Noel und Liam sind jetzt über 60.

2051 An seinem 70. Geburtstag verkündet der britische König William, daß er seine Frau wegen einer 17jährigen Tänzerin verlassen wird.

2065 Anti-Faltencremes wirken so gut, daß man das Alter einer Person nur durch ihren elektronischen Personalausweis feststellen kann.

MODISCHE DETAILS

Grundausstattung von The Gap, Schuhe von Prada, Accessoires vom Flohmarkt – oder Grundausstattung von Prada, Accessoires von The Gap, Schuhe vom Flohmarkt. Es ist egal.

Eine Kreation von Prada: Minimalismus in Reinform

geschätzte feine Kaschmirdecke, wurde inzwischen auch von besseren Kaufhäusern ins Sortiment aufgenommen und ist zur Zeit – trotz des hohen Preises – ein gutverkaufter Artikel. Auch die schweißtreibenden Nylonhemden sind durch modernste Synthetikprodukte ersetzt worden, die man von natürlichen Materialien nicht mehr unterscheiden kann. Reine Lambswool genügt längst nicht mehr, sondern benötigt zumindest eine Kaschmirbeimischung.

andererseits ließ sie das Schneiderhandwerk und die Heimarbeit wieder aufleben, und damit einen Bereich, in dem die internationale Modebranche keine Konkurrenz darstellt. Kleine Boutiquen, die sich auf selbstgefertigte Einzelstücke spezialisiert haben, nehmen einen wachsenden Bereich innerhalb des Markts ein, jüngere Designer distanzieren sich wieder von den alles beherrschenden Labels.

Mit dem steigenden Anspruch der Kunden wächst die Qualität des gesamten Angebots. Begriffe wie ›dezenter Luxus‹ beschreiben zum Beispiel die schlichte Kaschmirweste, deren hochwertige Qualität sofort Vertrauen zum Besitzer fassen läßt. Die ›Pashmina‹, die von den Moderedakteuren auf Langstreckenflügen so

In jeder Dekade heißt es von neuem ›die Mode ist am Ende‹, doch in Wahrheit hat sich nur ein radikaler Wandel der Erscheinungsform vollzogen. Die Mode bestimmt heute die Medien. Sie erfüllt Träume zu erschwinglichen Preisen, und dabei ist es ganz egal, ob wir in der exklusivsten Boutique oder im Secondhand-Laden einkaufen, denn was gefällt ist stets eine Frage des Geschmacks.

Kirsten Johnson und die unvermeidliche ›Pashmina‹

1987 Die Weltbevöl-
kerung ist auf 5 Mrd.
Menschen ange-
stiegen – es sind
doppelt so viele
wie 1950.

1990 Das ›Human
Genome Project‹ beginnt:
Wissenschaftler arbeiten
weltweit zusammen, um
das gesamte menschliche
Genmaterial zu lokali-
sieren.

1994 Drei Freunde fa
ren mit einem Taxi vor
London nach Kapstad
Südafrika. Die Fahrt da
ert über vier Monate u
kostet 40 210 Pfund.

1980–2000

Unterwegs in Sachen Mode
Vier Städte, vier Geschichten

Kosmetische
Details

*Zu guter Letzt wollen wir uns noch auf einen internationalen
Einkaufsbummel begeben. Eine gute Fee hat uns mit 30 000 Mark und
einem Flugticket ausgerüstet, und schon beginnt unsere Weltreise zu
den führenden Modehauptstädten, die mit allem aufwarten, was die
glänzende Modewelt zu bieten hat.*

NEW YORK

Zuerst geht es nach New York, wo Ein-
kaufsparadiese wie Barneys, Bergdorfs
und Saks alles Bekannte in den Schatten
stellen. Kosmetikartikel sind hier billiger
als in Europa, auch an Markenartikeln von
Calvin Klein und Ralph Lauren sollten wir
nicht vorbeigehen. Für alle sparsamen
Label-Fanatiker ist die Canal Street absolu-
tes Muß: Hier gibt es eine gefälschte Rolex
für 15 Dollar und schöne Prada-Rucksäcke
– bis das Logo abfällt. In SoHo und Green-
wich Village findet man eine Boutique
neben der anderen mit den besten Modellen aufstrebender Designer.

MAILAND

In die Innenstadt von Mailand fahren wir
am besten mit der Straßenbahn und treffen dabei vielleicht ein Model auf dem Weg
zu einem Fototermin. Die beiden wichtig-
sten Einkaufsstraßen sind die Via della
Spiga mit den Hauptgeschäften von Prada
und Dolce & Gabbana sowie die Via Montenapoleone, wo ganze Busse mit japanischen
Touristen von Gucci und Versace angelockt
werden. Wer einen anderen Stil bevorzugt,
findet im Umkreis von einem Kilometer
viele Geschäfte mit einem reichen Angebot
der großen Designer. Nicht vergessen sollte
man, daß Luxusgüter, die in Italien selbst
produziert werden, meist billiger sind, und
trotz all des Glanzes sind die Verkäufer die
freundlichsten in ganz Europa.

Ob Schaufe
sterbummel
oder Arkade
spaziergang:
Modehaupts
te bieten Luxu
waren in
elegantem
Ambiente

1995 Nach Angaben der Meteorologen ist dies das wärmste Jahr aller Zeiten. Die Sorge um die Erwärmung der Atmosphäre nimmt zu.

1998 Models aus Osteuropa sind sehr gefragt. Die neuen Stars werden zum Teil in Moskau, Krakau und Prag auf der Straße entdeckt.

1999 Breitling Orbiter ist der erste Heißluftballon, mit dem der bemannte Flug um die Erde gelingt

Pariser Flohmärkte und Londons berühmte Kaufhäuser sind Anziehungspunkte für Modebegeisterte

PARIS

Mit ihren Mattglasscheiben und den makellosen cremefarbenen Teppichen übertreffen sich die Mailänder Geschäfte gegenseitig. In der typischen Pariser Boutique hingegen wirft die Verkäuferin erst einen prüfenden Blick über ihren Kneifer, ehe sie ein perfektes Camisol aus Spitze aus einer der zahlreichen Holzschubläden unter dem Ladentisch hervorholt. Trifft das Modell nicht unseren Geschmack, so gibt es eine neue Generation von Einzelhändlern, die sich um die Mode-Fanatiker kümmern und das Neueste der internationalen Mode zu bieten haben.

Doch kein Besuch in Paris ohne einen Ausflug zu Tati, dem preisgünstigen Kaufhaus, in dessen Baumwolltragetaschen man solche Schätze wie Lederjeans für 45 Mark nach Hause tragen kann. Die Stapel von Angebotswaren bilden außerdem einen amüsanten Kontrast zu den standesbewußten Verkäuferinnen der Boutiquen von Paris. Also stürzen wir uns ins Gewühl, auch wenn die erstandenen Sachen wahrscheinlich schon bald auseinanderfallen werden.

LONDON

Die letzte Station auf unserer Reise ist London, die Heimat kreativer Jungdesigner. Empfehlenswert sind Kettenläden wie Top Shop, Warehouse und Oasis, die die neueste Mode zu bezahlbaren Preisen anbieten. Sucht man etwas ausgefalleneres, wird man in Londons zahllosen Boutiquen Einzelstücke und innovative Kreationen entdecken, die man nirgendwo sonst erhält. Die einzelnen Stadtteile Londons können sich allerdings grundlegend voneinander unterscheiden, und das gilt auch für den Stil der angebotenen Mode: Für einen maßgeschneiderten Anzug begibt man sich in die Savile Row, für einen Sari nach Southall. Der gleichnamige Film hat ›Notting Hill‹ zu einem Anziehungspunkt für Touristen gemacht, und wer sich von den Menschenmassen nicht abschrecken läßt, sollte sich am Freitag und Samstag zum Markt von Portobello begeben. Hier kann man auf amüsante Weise am bunten Treiben teilnehmen und Kleider secondhand erstehen. Die berühmten Kaufhäuser Harrods und Harvey Nichols bieten dagegen Designermode.

Register

Aerobic 102/103
Alaïa, A. 95
Amies, H. 56
Andress, U. 67
Aquascutum-Regenmäntel 23
Arbus, D. 34
Armani, G. 38, 81, 117, 121, 124/125, 128, 137
Ashley, L. 101
Avedon, R. 34, 104

Backson, B. 19
Bailey, D. 35, 114
Bakst, L. 25
Balenciaga, C. 50/51
Ballets Russes 25, 69
Balmain, P. 30, 31, 33, 86
Barclay, B. 130, 131
Barthet, J. 47
Bates, J. 85
Beaton, C. 35, 47, 51
Bergdorf Goodman 17, 65, 140
Bergdorf, H. 16
Bikinis 66/67
Blahnik, M. 41
Boateng, O. 21
Boden 19
Boss, H. 33, 121
Bowermann, B. 103
Boy George 47, 73, 113, 118, 119, 127
Brando, M. 77
Bruce, L. 67
Brummell, G. 20
Burberry 22, 23
Burrows, S. 93

Cardin, P. 88/89
Carnaby Street 20
Cassini, O. 74
Cerrutti, N. 124
Chanel 9, 10, 27, 30, 32, 36, 42/43, 45, 50, 52, 57, 63, 78/79, 89, 90, 121, 128
Chloé 78, 79
Cocteau, J. 45
Comme des Garçons 27, 107
Conran, J. 19
Copperwheat Blundell 115
Country-Look 22/23
Courrèges, A. 40, 85, 88/89, 138

Daché, L. 47
Dahl-Wolfe, L. 34
Dali, S. 45
Davidson, C. 40
Debenham und Freebody 16, 17, 18
Dekonstruktivismus 107, 116, 134/135
Demeulemeester, A. 134/135
Deneuve, C. 91
Deutsche Mode 130/131
Diana, Prinzessin 27, 46, 47, 57, 127
Dior, C. 33, 43, 51, 52, 53, 55, 56, 57, 61, 70/71, 86, 90/91
Disco-Look 92/93, 127
Dolce & Gabbana 12, 38, 80, 128, 140
Dufy, R. 24
Duncan, I. 37

Emanuel, D. und E. 57
Escada 130, 131
Eugénie, Kaiserin 12, 13, 15
Everest, T. 21

Fath, J. 51
Fendi 58, 78, 114/115
Fetisch-Kleidung 94/95
Fleece 82
Ford, T. 129
Fortuny, M. 25
Fotografen 34/35
Frisuren 72/73
Freemans 19
Futuristische Mode 138/139

Galliano, J. 12, 22, 47, 71, 136, 137
Gaultier, J. P. 33, 47, 80, 87, 95, 119, 136
Gay Fashion 104, 112/113
Gibson, Ch. D. 14

Gieves & Hawkes 20
Givenchy, H. de 51, 80
Goldene Zwanziger 36/37
Goodman, E. 16
Goth-Look 109
Groves, A. 136
Grunge 127, 135
Gucci 41, 58, 59, 63, 101, 105, 121, 125, 128/129, 140

Haar 72/73
Halston 64, 65, 75, 93, 99
Hamnett, K. 122/123
Harrods 16/17, 85, 109, 141
Hartnell, N. 56
Harvey Nichols 17, 141
Haute Couture 86/87, 120
Head, E. 54, 55, 80
Heim, J. 66
Hepburn, A. 42, 47, 55, 80
Hilfiger, T. 33, 104/105
Hippies 41, 73, 96, 100/101
Hogg, P. 95
Holah, D. 118
Hollywood 54/55, 80
Hornby, L. 84
Horst, H. P. 34
Hoyningen-Huene, G. 34
Hutmoden 46/47

Internet 19, 117
Iribe, P. 24, 52

Jacobs, M. 59
James, R. 21
Japanisches Design 106/107
Jeans 62/63, 101

Johnson, B. 93, 98, 99
Jones, S. 47
Joplin, J. 101
Jordan 73, 109
Joseph 19

Kamali, N. 67, 92, 102, 103
Karan, D. 9, 38, 102, 103, 104/105
Kaufhäuser 16/17
Kawakubo, R. 27, 106

Kelly, G. 59
Kennedy, J. 10, 12, 47, 74/75
Klein, C. 5, 9, 33, 38, 63, 65, 93,
    104/105, 117, 121, 132, 133, 137,
    140
Königliche Mode 56/57
Korsett 14/15

Lacroix, C. 53, 57, 87
Lagerfeld, K. 43, 47, 78/79, 115, 130
Lake, V. 60
Lane, K. 52
Lang, H. 94, 95, 116/117
Lanvin, J. 32
LaRedoute 19
Lauren, R. 80, 104/105, 121, 131, 140
Lawrence, G. 30
Lennox, A. 119
Lesage 87
Linard, S. 119
Lizenzen 89, 120/121

Mackie, B. 81
Mackintosh, C. 16, 22, 64
Margiela, M. 134/135
Mark, M. 9
Markenartikel 120/121
Marks & Spencer 17, 19, 139
Maßgeschneiderte Mode 20/21
Materialien 48/49, 82/83, 87, 89, 117,
    131, 139
McCardell, C. 16, 64
McCartney, S. 137
McQueen, A. 22, 88, 136, 137
Menichetti, R. 23
Meisel, S. 35
Meyer, A. de 34
Militär-/Armeekleidung 28/29, 61,
    116
Miller, L. 34
Miniröcke 85, 88/89, 92
Miyake, I. 89, 106/107
Modefotografen 34/35
Modemagazine 68
Mode per Post 18/19
Modeschmuck 52/53
Mods 76/77
Molyneux, E. 30/31, 32, 57
Mondi 130, 131
Montana, C. 23, 95, 122
Moss, K. 133
Mugler, T. 94, 95

Neiman Marcus 16

New Look 39, 43, 51, 53, 55, 56, 61,
    70/71
New Romantics 29, 109, 118/119
Newton, H. 35
Nike 40, 103
Norris, M. 131
Noten, D. van 134

Oldham, T. 131
Onassis, J. 10, 12, 47, 74/75
Ong, B. 19
Oscars 81, 125

Parfüm 32/33, 61, 90, 104, 107
Patou, J. 32, 37, 78
Pelzmode 114/115
Penn, I. 34, 46
People for the Ethical Treatment of
    Animals (PETA) 114/115
Perretti, E. 53
Picasso, P. 53
Piercing 96/97
Poiret, P. 24, 25, 43, 44, 52
Popstars 127
Porter, T. 100
Powell, M. 21
Power-Mode 122/123
Prada 38, 41, 58, 82, 103, 105, 111,
    121, 125, 128/129, 139, 140
Punk 73, 76, 97, 108/109, 127

Quant, M. 27, 48, 84/85

Rabanne, P. 88/89, 95, 138
Rationierung 60/61
Reard, L. 66
Red or Dead 19
Renta, O. de la 105
Rhodes, Z. 109
Rocker 76/77

Saint Laurent, Y. 33, 71, 78, 80, 87,
    90/91
Saks 17, 140
Sander, J. 23, 33, 130, 131
Sassoon, V. 72
Savile Row 20/21, 135, 141
Schiaparelli, E. 30, 32, 43, 44/45, 46,
    52, 57, 79, 87
Schlechter Geschmack 110/111
Schuhe 40/41
Schulterpolster 122/123
Sears Roebuck 18
Sedgwick, E. 99

Selfridges 17
Simpson, W. 57
Sitbon, M. 88
Sportswear 64/65, 102/103
Springfield, D. 73
Sprouse, S. 99
Steichen, E. 34
Stewart, S. 118
Strauss, L. 62/63
Strumpfwaren 26/27
Sui, A. 99, 101
Supermodels 104, 132/133
Synthetics 48/49

Taschen 58/59
Tattoos/Tätowierungen 96/97
Teenager-Look 123
Teller, J. 35
Trainingsanzüge 122/123
Treacy, P. 47
Turnüre 14/15
Twiggy (Leslie Hornby) 84

Ungaro 57
Unterwäsche 14/15, 38/39, 79, 104

Van Noten, D. 134/135
Versace, D. 126/127
Versace, G. 9, 29, 57, 63, 99, 121,
    126/127, 132, 140
Viktorianer 14/15
Vionnet, M. 50
Vreeland, D. 68/69
Vuitton, L. 23, 59, 121

Wakeley, A. 57
Walker, C. 57
Warhol, A. 93, 98/99
Westwood, V. 11, 19, 22, 44, 47,
    94/95, 108/109, 118
Worth, C. 12/13, 14, 87

Yamamoto, Y. 106/107

Bildnachweis

AKG, London: 14 o., 15 (Victoria and Albert Museum), 26 o., 26 u., 26/27, 27, 40/41, 42 o., 43, 66, 111 o.
AKG, London/Gunter Rubitzch: 110.
The Bridgeman Art Library, London: 36 o. (Dreweatt Neate Fine Art)
The Bridgeman Art Library/Stapleton Coll: 12 o. und 34 (R. Schall), 40.
Corbis, London: 14 u. (Leonard de Selva), 20 (Michael S. Yamashita), 21 u. (Rupert Horrox), 33 u. (Henry Diltz), 38 o. (Roger Ressmeyer), 39 (Lynn Goldsmith), 45 (Philadelphia Museum of Art), 64 o. (Genevieve Naylor), 73 o. (Henry Diltz), 78 o., 79 u. (Photo B.D.V.), 88 o., 93 u. (Roger Ressmeyer), 109 (Richard Olivier), 112 (Lynn Goldsmith), 113 (Mike Laye), 119 u. (Roger Ressmeyer), 133 (Lily Lane), 137 o. und 137 u. (AFP), 140 u. l. (Dave Houser), 140 u. r. (Elio Ciol), 141 u. l. (Gail Mooney).
Corbis/Bettmann: 29 o., 54, 56 u., 68, 69, 90, 99 u., 102 o.
Corbis/Hulton-Deutsch Coll: 17 u., 25 r., 31 o., 35 o. l., 38 u., 60 o., 61, 72 M., 76/77, 84 l.
Corbis/Underwood & Underwood: 25 l., 37.

e.t. Archive, London: 17 o. (Victoria and Albert Museum), 44 o., 51 u., 59 u., 88 l.
Christopher Moore, London: 67 o., 78 u., 79 o., 82 u., 86, 87, 89 u., 94 o., 114 u., 115, 116, 117 l., 117 r., 124 o., 126 o., 130, 131 l., 132/133, 134 o., 134 u., 136 o., 139 o.
Rex Features, London: 11 o., 16, 22 o., 22/23, 28 u., 52 o. r., 53 u., 56 o., 57, 62, 70 l., 71 o., 74, 75, 82 o., 85, 89 o., 92, 96 o., 96 u., 97, 98 l., 99 u., 106 o. r., 106 u., 108 r., 111 u., 116, 119, 120 o., 121, 122/123, 124 u., 126 r., 127, 128, 136, 139 u., 141 o. r.
British Vogue © Condé Nast Publications: 21 o. (Neil Kirk), 30 (Balkin), 35 u. (Cecil Beaton), 46 u. (Irving Penn), 48 l., 49 u. und 49 o. (alle von Eugene Vernier), 50 l. (Henry Clarke), 51 l. (Cecil Beaton), 52 (David Bailey), 53 o. (Neil Knight), 58 u. l., 58 M. l. und 58 o. (alle von Louisa Parry), 63 u. (Arthur Elgort), 64/65 (Eric Boman), 70 o. (Clifford Coffin), 71 u. (Arthur Elgort), 91 r. (Peter Knapp), 98 r., 100 l. (Barry Lategan), 104 (Andrea Blanch), 105, 106 l. (Michel Momy), 107 o. (Clive Arrowsmith), 129 (Andrew Lamb), 131 r. (Neil Kirk), 132 (Peter Lindburgh), 140 o. (Cleo Sullivan)